日本の思想家入門

「揺れる世界」を哲学するための羅針盤

小川仁志

角川新書

はじめに——日本思想を羅針盤にする方法

揺れる世界の羅針盤として

皆さんは、「日本の思想家」というと誰を思い浮かべるでしょうか？ そもそも「日本の思想家入門」というと、どんな中身を想像しますか？ 私たちは意外と西洋の思想や哲学のことを知っているのに、日本の思想のことはあまり知らないものです。

現にソクラテスやカントの名前は知っていても、西周《にしあまね》や西田幾多郎《にしだきたろう》は知らないという人は多くいます。本書ではそのような、「意外と知らない日本の思想家」について、改めて知っていただこうと、主要な二五名を選び、その概要を紹介しています。

日本の思想はどれをとっても深いもので、一冊で二五人分の思想の全体を学ぶことは不可能ですが、概要を知るという意味では本書で十分です。あくまで入門書ですので、さらに興味を持たれた方は、巻末の参考文献を手掛かりに、詳しく学んでいただければと思います。

もともとこの本は、二〇一七年の秋に単行本として刊行されたものです。その当時はちょうど東京オリンピック前でにわかに国内でも日本ブームが起きていました。日本の文化をはじめ、いいところを見直そうという機運のことです。さらには、グローバリズムやその裏返しともいえる保護主義、あるいはナショナリズムの台頭によって、必然的に日本回帰が起こっていました。日本の強みはなんなのか、日本の特徴はどこにあるのかといったことを考えるムードがあったのです。

ところが、そうした日本的なものの背景にはすべて思想があるにもかかわらず、誰も「日本思想を見直そう」とはいいませんでした。いわば日本思想は日本を知るうえでの大前提です。そこで私は、必須《ひっす》の日本の思想家を知ってもらおうと、『いまこそ知りたい日本の思想家25人』というタイトルで出版したのです。

このようにして刊行された書籍を改めて新書という形で世に問うのには理由があります。なぜ、今、日本の思想を知る必要があるのかといえば、時代の変化が大きく関係しています。

新書版のサブタイトルに『「揺れる世界」を哲学するための羅針盤』と入れているように、まさに世界は今、揺れに揺れています。そんな時代の中で、何か羅針盤になるものが必要だと思ったのです。

単行本では、日本の思想を時系列で解説し、歴史的に学んでいく構成にしていました。それはそれで十分意義がありますが、今その同じ日本思想が、知識としてだけでなく、今度はツールとして求められる段階に入っているともいえます。そこで、日本思想を、「揺れる世界を生き抜くためのツール」として使っていただける形に再構成して提示したほうがいいと判断したのです。

そのため本書は全体の構成を、パンデミックや戦争といった「今の世の中の問題」ごとに組み直し、本文に加筆修正をしたうえで、日本思想を活《い》かすためのガイダンス（この「はじめに」です）をつけることにしました。

皆さんには、次項から解説する日本思想の共通した型、その活かし方、さらには作り方までを読んでから、本文に進んでいただきたいと思っています。そのほうが個別の思想について、より深く理解していただけるはずだからです。

日本思想の型

まずは日本思想全体に通じる特徴、いわば日本思想の型について説明します。

型の考え方はいくつもあると思いますし、またそのそれぞれがすべての日本思想に当てはまるわけではありませんが、大まかな特徴ということで、私はいつも次の五つを挙げています。つまり、①感性、②無、③集団性、④多元性、⑤調和です。それに派生してさらにいくつかのキーワードがあるのですが、それも含めて説明していきましょう。

まず①感性についてです。感情といってもいいかもしれません。よく人間には理性と感性が備わっているといわれます。そのうち、西洋哲学の場合は理性を重視しているように思います。なんでも理屈で考えようとするわけです。現に、論理とか言葉を意味するロゴスという古代ギリシアの用語は、西洋の哲学を象徴しています。論理で考えて言葉で表現するのが西洋哲学の手法なのです。

それに対して日本思想の場合、感じることを重視します。本文でも紹介していますが、日本倫理学の父、和辻哲郎《わつじてつろう》にいわせると、だから日本人は和歌を詠《よ》むことで考えてきたということになるのです。あるいは坐禅《ざぜん》を重視する禅《ぜん》などは、座っているだけで真理を発見できるというのですから、言葉さえなくてもいいのかもしれません。

次に②無です。西洋の哲学は「無から有は生じない」という大前提のもと、何かが「ある」ことを問題にしてきました。「なぜ何も無いのではなく何かがあるのか」という問いが西洋哲学の究極の問いだといわれるくらいですから。

逆に日本の思想の場合、無からすべてが生じるような考え方をします。日本哲学の父、西田幾多郎などは絶対無《ぜったいむ》という言葉を生み出しましたが、これはむしろ無限の概念に近いイメージなのです。

西田の後の日本の哲学者たちは、空の概念を重視していますが、これも無から派生したものだといえます。さらに無の意義を重視するというのは、美的感覚にもつながっていて、芸術でも何もない空白とか、沈黙とかを良しとするわけです。

③集団性については、個人に対するものです。その意味では、共同性とか関係性といってもいいかもしれません。西洋人は個人主義《こじんしゅぎ》だといわれますが、それは個というものを重視するからだと思います。そうすると、一人の人間がどこまでの能力を持つことができるかが追求されることになります。近代ドイツ哲学の頂点に立ったとされるヘーゲルなどが典型ですが、個人が絶対的な知や精神を持つ可能性が論じられるわけです。

これに対して、日本思想の場合、集団の存在を重視する傾向があります。それは必然的に個々人の関係性に着目することにつながります。先述の和辻が唱えた「間柄《あいだがら》」の概念はその典型だといえます。人間は誰かとの関係性によって初めて規定されると考えたのです。

安藤昌益《あんどうしょうえき》や二宮尊徳《にのみやそんとく》のように、農業の意義を重視するのも集団性の表れでしょうし、一人の英雄ではなく、草莽崛起《そうもうくっき》によってみんなで革命を起こそうと考えた吉田松陰《よしだしょういん》の思想の背景にも、集団性が横たわっていたといえるかもしれません。

そして④多元性については、一元性に対する二元性ということもできるでしょう。すべて一つの原理に集約させようとする西洋の思想に対して、日本思想はそもそも神道の八百万《やおよろず》の神のように多元的なものを認める傾向があります。仏教もそうでしょう。誰でも仏《ほとけ》になれるというのですから。これらの背景には、多元的なものが共存せざるを得ない自然の存在を重視するメンタリティが影響しているのかもしれません。

個別の思想で見ても、たとえば九鬼周造《くきしゅうぞう》の「いき」の概念に表れているように、緊張関係を保った二者の関係性、つまり二元性こそがいいというわけです。そうした関係性は、西洋から見れば非合理にも映りそうですが、非合理性をそのまま受け入れるのも多元性の表れといえます。無常観《むじょう》を肯定するのはまさにその証拠でしょう。あるいは丸山眞男《まるやままさお》が指摘したように、日本には常に天皇と実際の支配者という権力の二元性があるというのも一つの例といえそうです。

最後は⑤調和についてです。西洋の場合、先述のヘーゲルが典型なのですが、常に発展を目指そうとします。意識も社会も歴史でさえも発展していくと考えるのです。これに対して日本の思想は、調和を重視します。ハーモニーです。だから和の国と呼ばれるのです。

この違いが明確に現れるのは、外国から新しい思想が入ってきた時の対応だと思います。西洋の場合はそれを抑えつけてさらなる発展を目指そうとします。日本の場合は、それをうまく取り込んで、より大きな調和を生み出そうとするのです。

日本の思想が外来思想を取り込んでハイブリッドなものになってきたのは、そういう違いがあるからだと思います。考えてみれば仏教も外来思想ですし、儒学《じゅがく》もそうです。そして西洋哲学も民主主義《みんしゅしゅぎ》も外来思想です。日本の思想家たちは、そうしたものすべてを取り込んで新たな調和を生み出し、日本思想として結実させてきたのです。

日本思想の活かし方

では、そんな特徴を持った日本思想をどう活かしていけばいいか？　一言でいうと、西洋哲学のオルターナティブ（代替物）として、揺れる世界の羅針盤にしようというのが私の提案です。少なくとも近代以降、世界は西洋中心に回ってきました。二一世紀になってグローバル社会と呼ばれるようになっても本質は何も変わっていません。

中国が台頭してきているのは間違いありませんが、国際政治も経済も相変わらず欧米が主導権を握っており、それが摩擦の種にもなっているのです。西洋の合理主義が発展と効率性を重視することで、様々な競争を加速してきました。国際政治の世界ではそれが戦争につながり、経済の世界では極端な資本主義による格差を生んできたのです。

結局、そうした行動が戦争や格差だけでなく、パンデミックを引き起こす遠因にもなり、世界は揺れに揺れているわけです。だとするならば、今こそ西洋の価値観とは異なる羅針盤が必要だと思うのです。中国やイスラームは、もしかしたらそうした羅針盤を提示しようとしているのかもしれません。

ただ、それは西洋の羅針盤に取って代わるものであってはいけません。残念ながら、中華思想やイスラームは、やはり一元性を重視する思想なのです。だから同じく一元性を重視する西洋の思想と衝突するわけです。それに対して、今求められているのは、多様な価値観の共存です。

いずれかの価値観を排除しようとしたり、その上に立とうとすると、衝突が起きます。だとするならば、この世界の揺れを収めるには、すべてを認め、受け入れる必要があるのです。それを可能にするのが、日本思想の持つポテンシャルにほかなりません。

すでに紹介してきたように、日本の思想は様々な点で西洋の思想とは対極にあります。その最大のポイントが多元性だと思うのです。これは決して西洋人をはじめ世界の人たちに日本思想を押し付けるというのではなく、日本人こそが日本独自の羅針盤を手に、揺れる世界をしっかりと航海しなければならないということです。

それによって必然的に世界に多様な価値観が存在することになるからです。日本人までが西洋の価値観で勝負していたら、いったい誰が日本の思想を世界にもたらすことができるというのでしょうか？　ほかでもない私たちこそが、別様の考え方がありうることを世界に示し、そして結果として世界に多様な価値観を共存させる。それこそが現代に求められる日本思想の活かし方であるように思えてなりません。したがって、本書の意図が日本思想礼賛といった点にあるのではないことは、十分おわかりいただけるかと思います。西洋思想はもちろんのこと、日本思想も、そしてどの国や文化圏の思想も固有の意義を有しています。そのすべてを正しく知っておくこと、そして活用できることが重要なのです。

日本思想の作り方

最後に、日本思想の作り方について簡単にお話ししておきたいと思います。一般の人が日本思想を作る必要があるのかと思われるかもしれません。でも、これから本文で紹介するように、本書に登場する偉大な思想家たちのほとんどは、別に思想家という職業に就いていたわけではないのです。

彼らは皆、自分の仕事や役割を真摯《しんし》にこなすことで、結果としてそれが思想になり、のちに思想家と呼ばれるようになったのです。もちろん最初から学者になることを志した人たちもいますが、多くは、もともとは僧侶《そうりょ》であったり、役人であったり、農民や医師だったのです。

だから私たちもまた、この日本で、日本らしさを意識して生きることで、思想を作っていくことはできると思うのです。そして何より、そうして作られた思想は、きっと誰かの役に立つに違いありません。

　その意味で、あえて最後に日本思想の作り方という、おそらく誰も唱えたことがないであろう提案をしたいと思います。また、こうした日本思想の作り方を意識しておくことで、この後に解説するそれぞれの日本思想も理解しやすくなると思います。

　思想を自ら作るステップは三つです。ステップ1は「発見する」です。日常生活や日々の仕事の中で、「日本人ぽいな」とか「日本らしいな」と感じたことがあれば、それをメモしておいてください。その中から、一つキーワードを取り出し、思想の核にします。たとえば、お茶を飲んでいる時に、日本人って緑色が好きだななどと感じたら、その緑色というのをキーワードにするのです。

　ステップ2は、「結び付ける」です。先ほど発見したキーワードに、日本ならではの特徴を結び付けてください。そうすることで、日本らしさが際立ちます。言い換えると、西洋哲学などにはない意義が浮かび上がるのです。ここでヒントにしていただきたいのが、すでにご紹介した日本思想の型です。感性や無、集団性といった要素を結び付ければいいのです。もちろんそのほかにも思いつく要素があれば、積極的に結び付けてください。ただし、あまり多いと複雑になるので、三つ程度がいいと思います。二つでは少ないし、四つでは覚えにくいからです。

たとえば緑色でいくと、感性、自然、調和ではないでしょうか。緑を感じる感性、緑の植物によって象徴される自然、そしてきれいな花、他の色、人工物とさえ調和する緑という色の持つ本質。

ここまでくればステップ3はもう簡単です。「名づける」です。日本思想の型と結び付け、その思想の特徴が際立てば、どのように役に立つかが自然と見えてきます（「利点を見出《みいだ》せる」ともいえます）。その際、すでに出した特徴三つを一つの新しい言葉でまとめてください。それが思想を表現する概念になります。時にはその言葉自体が思想の名前になることもあるでしょう。

具体例でいうと、先ほどの緑色の特徴をよく吟味すると、緑というのは異質なものと調和する背景にぴったりなわけです。しかもその異質なものをちゃんと主役として目立たせると同時に、ふと背景に目をやることで人々の心を落ち着かせる効果をもたらすことができるのです。

これを表現するとしたら、「主役的緑背景」などといえるのではないでしょうか。なぜなら、緑は背景ではあるものの、実はそれ以上の主役の役割を果たしているからです。グリーンバックという言葉がありますが、あれはもともとドル紙幣の裏が緑であることや、映像の合成に用いる緑の背景のことで、いずれも西洋的概念ですが、その証拠に緑は単なる脇役にすぎません。別のものが一元的に勝っているのです。

それに対して、私のいう主役的緑背景は、背景でありながら主役でもあるので、きちんと二元性が保たれています。そして背景的なものが重要な役割を果たすという新たな思想として様々な事柄に応用することができます。思想とは、個別の事象に応用できるものである必要があるからです。

さて、いかがでしょうか？　日本思想に対する関心が湧いてきましたでしょうか。こういう個別の思想を紹介する入門書にしては、少し長めのガイダンスになりましたが、これによって十分各論を理解する準備ができたと思います。

ぜひ楽しみながら、新たな英知を手にしていただきたいと思います。揺れる世界の大航海を乗り切っていくために。

目次

第2章　環境とSDGsの先駆けとなった思想家たち　73

第3章　戦争と平和のはざまで苦悩した思想家たち　123

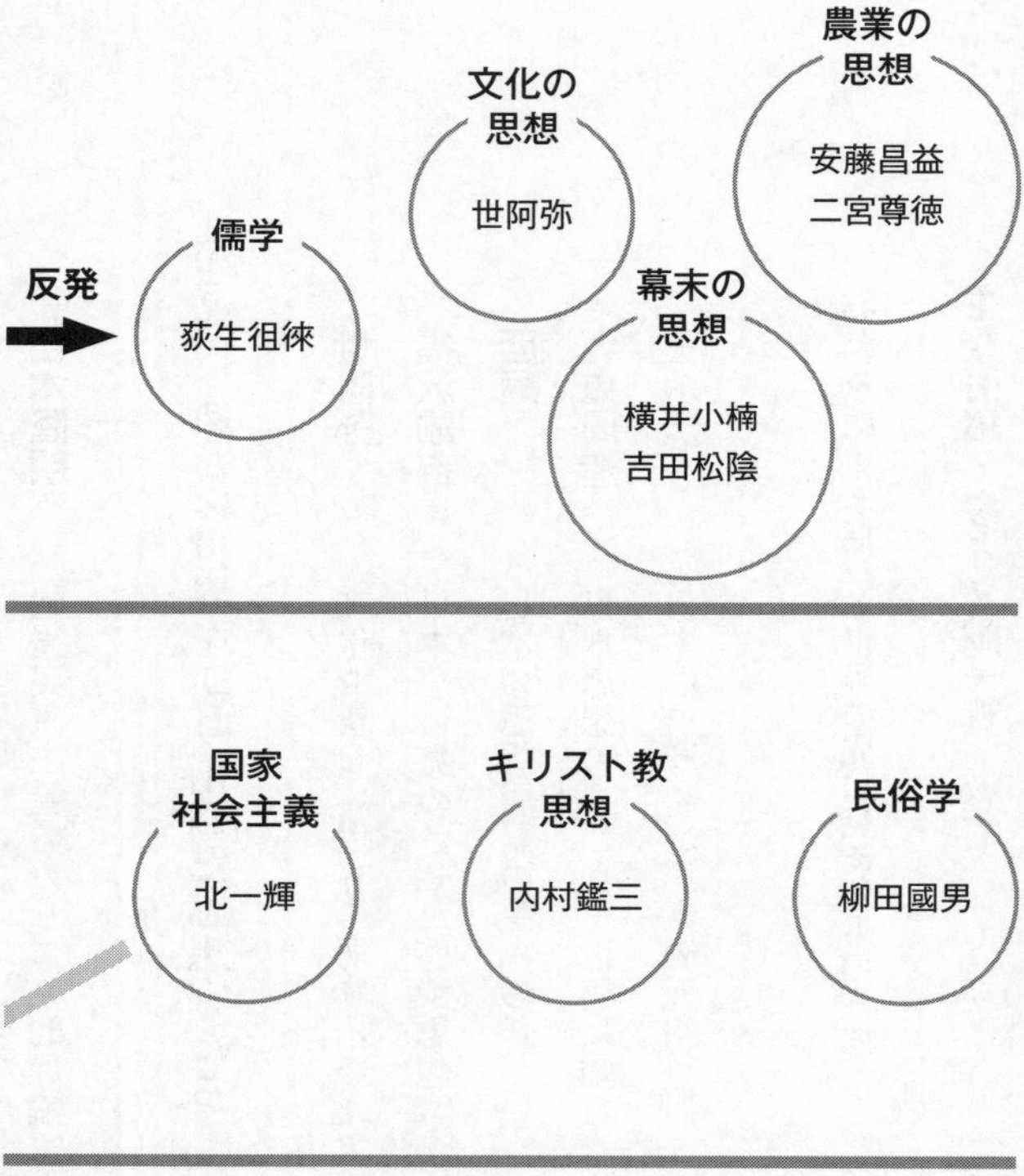

本書に登場する

日本の思想家関係図

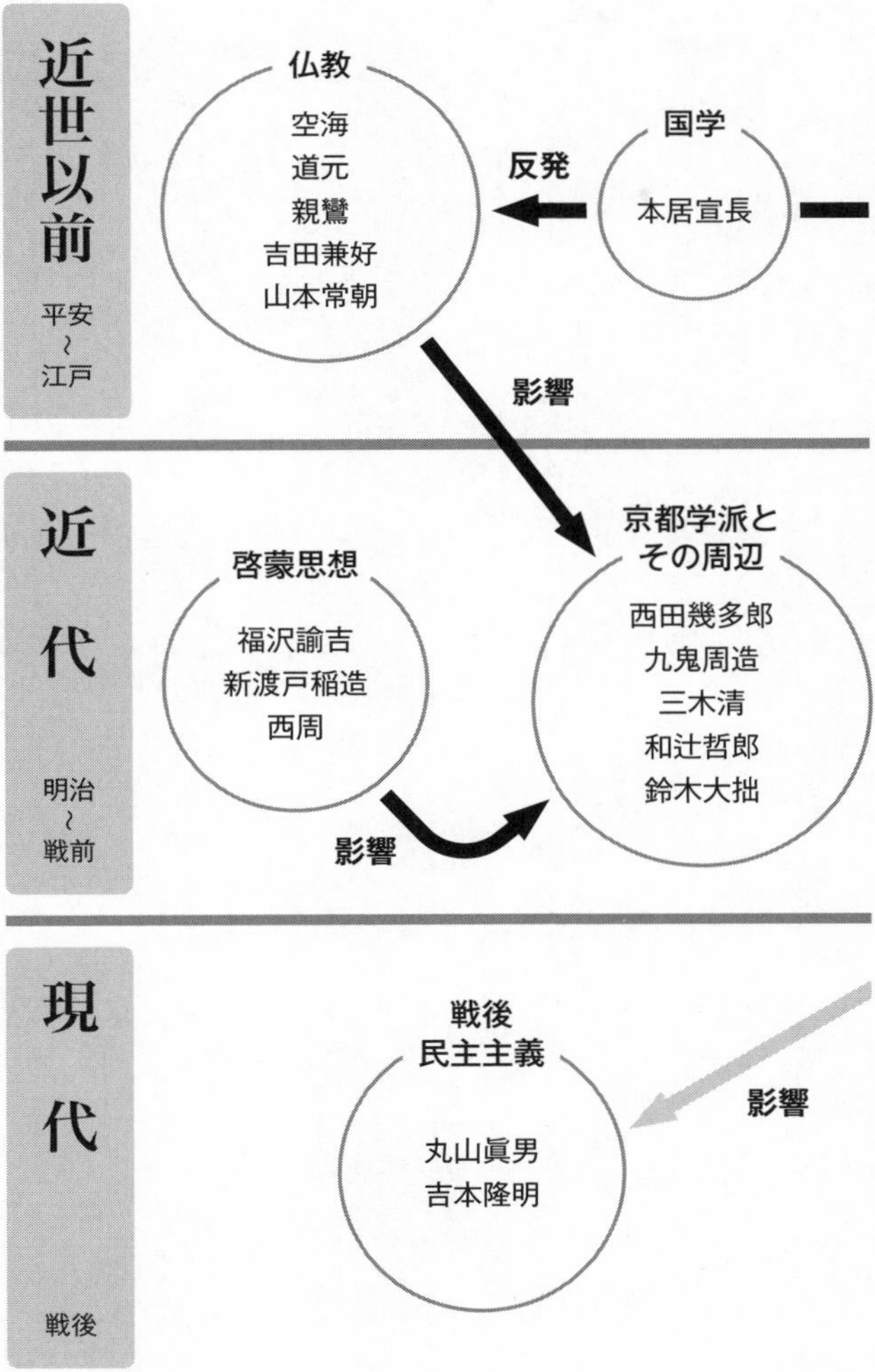
近世以前
平安
〜
江戸
仏教
空海
道元
親鸞
吉田兼好
山本常朝
国学
本居宣長
反発
影響
近代
明治
〜
戦前
啓蒙思想
福沢諭吉
新渡戸稲造
西周
京都学派と
その周辺
西田幾多郎
九鬼周造
三木清
和辻哲郎
鈴木大拙
影響
現代
戦後
戦後
民主主義
丸山眞男
吉本隆明
影響

イラスト　塩井浩平
図版作成　Ｉｓｓｈｉｋｉ

第1章 不安と不条理を乗り越えようともがいた思想家たち

パンデミック時代を生き抜くための救世主

親鸞《しんらん》

(1173–1262)

善人なをもて往生をとぐ、
いはんや悪人をや

『歎異抄《たんにしょう》』

不条理を乗り越えるための思想

親鸞《しんらん》は鎌倉《かまくら》時代の僧《そう》で、浄土真宗《じょうどしんしゅう》の祖とされています。浄土真宗というのは、親鸞の師である法然《ほうねん》が確立した浄土宗《じょうどしゅう》を批判的に継承したものだといっていいでしょう。釈迦《しゃか》の入滅《にゅうめつ》後二〇〇〇年を経て、仏教が衰退していくとする末法思想《まっぽうしそう》の影響もあって、当時人々は末法から逃れ、浄土を求めようとしていました。

実際、末法の時代に入ったとされる平安後期には、貴族の摂関政治が衰えると同時に武士が台頭し、社会に不安が広がっていました。さらに追い打ちをかけるように、疱瘡《ほうそう》（天然痘）をはじめとした疫病が人々を襲い、まさに現代のパンデミックにも等しい不条理な状況にあったのです。

もちろん、疫病といっても、日本に限った地域流行だったので、用語としてはエンデミックが正しいのでしょう。しかし、あの頃の日本人にとっては、今のパンデミックと同じくらいの混乱と絶望に苛《さいな》まれていたはずです。まるでこの世が終わってしまうかのような……。

そうした中、ただ「南無阿弥陀仏《なむあみだぶつ》」と唱《とな》えるだけで極楽浄土《ごくらくじょうど》に行けるとする専修念仏《せんじゅねんぶつ》を説いた浄土宗が、大きな支持を集めました。その流れを受け継ぐ形で親鸞は、阿弥陀仏《あみだぶつ》を信じて浄土に往生しようとする信仰そのものを、まさに阿弥陀仏から与えられたものとして位置付けました。そして阿弥陀仏のはからいにすべてを委《ゆだ》ねる自然法爾《じねんほうに》の態度を説いたのです。これがいわゆる絶対他力《ぜったいたりき》の思想です。

そうして、弥陀の本願《ほんがん》にすがるしかない悪人こそが救われるとする悪人正機説《あくにんしょうき》を唱えるに至ります。そして自らも妻を持ち、魚肉を食する肉食妻帯《にくじきさいたい》を実践しました。人々はそんな親鸞の教えに熱狂しました。なぜなら、それこそが今のパンデミックにも似た不条理を生き抜くための思想だったからです。

ここでは、パンデミック時代の救世主ともいうべき親鸞の伝記を振り返りながら、主著『教行信証《きょうぎょうしんしょう》』及び、聞き書きの名著『歎異抄《たんにしょう》』の内容を中心に、彼の異端ともいうべき仏教思想を概観していきたいと思います。

親鸞は京都の貴族の家系出身でしたが、父親の失脚によって九歳のときに出家《しゅつけ》を余儀なくされます。そして二九歳までの二〇年間を天台宗《てんだいしゅう》の比叡山延暦寺《ひえいざんえんりゃくじ》で過ごしました。しかし、納得のいく悟《さと》りを得ることができなかったため失意のまま下山《げざん》します。

そして、京都の六角堂《ろっかくどう》にこもり、九五日目の暁に、聖徳太子《しょうとくたいし》の姿をした観音菩薩《かんのんぼさつ》が顕現し、彼を法然のところに向かわせたのでした。そうして新しい仏教を広めようとしていた生涯の師、法然に出会い、親鸞は法然の説く専修念仏を信じて修行に励みました。また、その間に恵信尼《えしんに》という女性と結婚もしています。当時僧が結婚することはタブーだったものの、親鸞は、六角堂にこもっていた際、結婚することで極楽に行けるという観音菩薩の声を聞いたこともあり、それを実践したのでしょう。

法然と行動を共にしていた親鸞は、新しいムーブメントとしての専修念仏に対する弾圧に巻き込まれ、越後《えちご》に流されたりしますが、その苦境をなんとか乗り切って関東に移ります。そこで布教をしながら『教行信証』を執筆し、弟子たちを育てていきました。晩年の親鸞は故郷の京都に戻り、『和讃《わさん》』をはじめ多くの著書を最後まで精力的に執筆しつつ、九〇歳で大往生しました。

さて、そんな親鸞の思想については、やはり最初の著書であり主著でもある『教行信証』の内容から見ていくのがいいでしょう。この書の正式名称は『顕浄土真実教行証文類《けんじょうどしんじつきょうぎょうしょうもんるい》』といいます。つまり、西方浄土《さいほうじょうど》をめぐる真にして実なる「教・行・信・証」を明らかにした経《きょう》典論釈《てんろんしゃく》の書という意味です。全体は六巻からなっており、「教」、「行」、「信」、「証」の四巻に加え、「真仏土《しんぶつど》」と「化身土《けしんど》」の二巻があります。

「教・行・証」というのは当時の仏教書にとって一般的な内容でした。教とは仏《ほとけ》が説いた教えのことで、行とは教に従って人々が行う修行のこと、証とはその行によって得られる悟りを意味します。これに対し、「信」というのは親鸞独自のもので、信心《しんじん》の意義を強調したところに特徴があります。「真仏土」とは正しい専修念仏によってもたらされる真の仏、真の国土《こくど》という意味で、それに対する古い仏教の体制が「化身土」として批判されています。

全体の趣旨としては、阿弥陀仏に体現された絶対知《ぜったいち》について論じられており、その理路をたどることで己も絶対知に触れることを目的としています。そこでこの絶対知の意味が問題になるわけですが、親鸞はそれを「一日真如」と表現します。つまり、唯一でかつ変わることのない真にして実なるありようのことです。

この一日真如を体得するには、絶対他力が必要なのです。親鸞は、そこに至るためのプロセスとして、自らの経験を通じて確信した「三願転入《さんがんてんにゅう》」を紹介します。つまり、以下の三つの段階を経てようやく絶対他力に至るといいます。第一段階は、法然が排斥した一般人には無縁の古い仏教の段階です。親鸞自身、比叡山で修行していた若いころはこの状況にありました。第二段階は自力念仏《じりきねんぶつ》の段階です。第三段階は、法然に出会って専修念仏を始めたものの、まだ自力で悟りを得ようとしていました。それはうぬぼれであったというのです。これに対して第三段階こそが絶対他力の境地なのです。

こうしてみてみると、思想家の人生がいかにその思想の内容に大きな影響を及ぼしているかがわかります。親鸞の場合は、まさに若き日の挫折《ざせつ》があったからこそ、絶対他力の境地に至ることができたわけです。

絶対他力の思想において、親鸞は、阿弥陀仏を信じて浄土に往生しようとする信仰そのものを、まさに阿弥陀仏から与えられたものとして位置付けたのです。これが絶対他力の本質です。つまり、救いというものは、人間の努力によるものではなく、あくまで仏の慈悲によるものであるということです。そうすると、努力できる人間や善人だけが救われるわけではなくなります。ここから、煩悩を持つ悪人こそ救われるという悪人正機という発想が出てくるのです。

そこで『歎異抄』に移りたいと思います。『歎異抄』とは、親鸞の話を弟子の唯円《ゆいえん》が聞いてまとめたものだとされています。ただし、原本は見つかっておらず、蓮如《れんにょ》の写本が最も古いようで、本当の著者が誰かについては諸説あるようです。著者が誰かにかかわらず、重要なのはこの本が書かれた動機の部分です。『歎異抄』は聞き書きとはいえ、親鸞が亡くなってから書かれたものです。つまり、親鸞から聞いた話をまとめるという体裁になっています。

しかし、すでに見た『教行信証』のほか親鸞にはいくつかの著書があるわけですから、わざわざこのようなものを書く必要はないようにも思います。この点については、『歎異抄』に理由が記されています。

簡単にいうと、親鸞の死後、本人の教えとは異なる内容が広がっているので、直接教えを聞いた人間が正しく伝えないといけないと感じたのが主な動機のようです。たしかに『教行信証』は難解な書だとされますし、時間がたつと思想というものは様々な解釈が生まれてくるものです。聖書や『論語』の名を挙げるまでもなく、弟子たちが師匠の教えをまとめたもののほうがわかりやすく、広く受け入れられているという例はたくさんあります。『歎異抄』もそういう位置づけの書として最も知られる親鸞の教えとなっているのです。

実は、先ほど紹介した悪人正機説も、『歎異抄』の第三章に詳しく説かれています。有名なフレーズ「善人なをもて往生をとぐ、いはんや悪人をや」は、極楽往生のために善行を積んでいる善人でさえ往生できるのだから、どうしてそれができない悪い行いを繰り返している悪人が往生できないことがあるだろうかという意味です。

親鸞のいう悪人は、決して犯罪人というような意味ではなく、あくまで自分の力で善行を行えない人です。ということは、普通は皆悪人に分類されるでしょう。そこが親鸞のいいたいことです。まず誰もが悪人であることを自覚すべきであると。時々親鸞は悪のススメを説いているかのごとく誤解されることがありますが、決してそうではないのです。

親鸞は、もちろん自分もそうした意味での悪人だと自覚していました。いや、むしろはぐれ者といったほうがいいでしょうか。自ら愚禿《ぐとく》と名乗っていたのはその証拠です。頭を剃《そ》る僧でもなく、髷《まげ》を結う俗人でもない非僧非俗《ひそうひぞく》を掲げ、実際おかっぱ頭にしていたといいます。禿とはおかっぱの意です。

このようなはぐれ者、悪人だからこそ絶対他力が必要だということです。そこから「非行《ひこう》非善《ひぜん》」という言葉も派生してきます。個人的には、親鸞の思想が最もわかりやすく象徴されていると考える概念です。『歎異抄』の第八章にはこう書かれています。

念仏は行者のために非行非善なり。わがはからひにて行ずるにあらざれば、非行といふ。わがはからひにてつくる善にもあらざれば、非善といふ。ひとへに他力にして自力をはなれたるゆへに、行者のためには非行非善なりと云々。

つまり、念仏というのは、信心の行者にとっては修行でもなければ善を積むことでもないということです。したがって、非行であり、非善なのです。その意味では念仏さえも自分の計らいを離れており、あくまで阿弥陀仏が唱えさせてくださっているというのです。自分が唱えていると思っている念仏さえも、実は阿弥陀仏の計らいだとは徹底しています。

他力もまた誤解を受けることがありますが、人に頼るというところに主眼があるわけではなく、自分の力でなんとかなるといううぬぼれを捨てよといいたいのです。

だから念仏についても、理解さえできないしろものだと開き直るのです。『歎異抄』の第一〇章にはこう記されています。「念仏には、無義をもて義とす。不可称、不可説、不可思議のゆへにとおほせさふらひき」と。念仏は自分では理解できないものだということです。推し量ることも、説明することもできず、常識でも理解できない。そう親鸞はいったというのです。

そうなるともう私たちにできるのは、阿弥陀仏を信じて念仏を唱えるだけです。意味なんてどうでもいいのです。とはいえ、信じる気持ちだけは大事にしなければなりません。若いころ親鸞は、念仏の回数が多いほうがいいか、数ではなく心を込めた念仏こそが重要なのかという論争をしたことがあります。その際、回数が問題ではなく、心を込めることが大事だという立場をとっていたようです。たとえ一日一回でもいいから、念仏を唱える。なんと簡単なのでしょうか。

しかし、こうした親鸞の主張が仏教のハードルを下げ、信者の拡大に寄与したことはいうまでもありません。考えてみれば、この世には自分の力だけでなんとかできることなどありません。また、ほとんどの人は煩悩に満ちた普通の人間です。その意味で、仏教徒でなくても絶対他力の発想を持つことで、少しは肩の力を抜いて生きていくことができるように思えてきます。

そうやって自らも肩の力を抜いて生きたのが幸いしたのか、親鸞は九〇歳まで生きます。しかも最後まで元気に布教を続けるのです。それに伴い、彼の思想もまた最後まで発展を遂げます。晩年に説いた自然法爾はその一つです。親鸞が八六歳のときに記された最晩年の法《ほう》語《ご》といわれるものです。ある意味で、親鸞の最後の境地を表現したものだといっていいでしょう。

自然とは「しぜん」ではなく「じねん」と読みます。この世の事物や事象に伴うすべての感性による束縛から解き放たれたありのままの状態のことです。そして法爾とは、ひとりでにそうなっていくことを意味します。いわば、ありのままの状態が阿弥陀仏によってひとりでに実現されるというわけです。ここまでくるともう、私たちはまさに生かされているという感覚になってきます。

たしかに、物事はなるようにしかならないのですから、不安におびえていても仕方ありません。自然法爾の精神で、流れに身を任せたほうがいいのです。世の中が複雑になればなるほど、そんな思いに駆られてきます。だから親鸞の思想は、このどうすることもできない不条理な時代を乗り切るために、今こそ求められているように思えてならないのです。

思想のポイント

自分の力でなんとかなるといううぬぼれを捨てよ！

思想の活かし方

親鸞の思想から、不条理を乗り越えるための思考法を学ぼう！

不安を言語化したパイオニア

道《どう》元《げん》

（1200–1253）

いわゆる有時《うじ》は、
時すでにこれ有《ゆう》なり、
有はみな時なり。
丈六金身これ時なり、
時なるがゆえに、
時の荘厳光明あり。

『正法眼蔵《しょうぼうげんぞう》』

日本思想の作法を確立するための思想

道元《どうげん》は曹洞宗《そうとうしゅう》の開祖《かいそ》として知られていますが、ドイツの哲学者ハイデガーなどにも高く評価され、今でも海外に行くと道元こそ日本最初の哲学者だという声を聞くことがあります。背景には、禅《ぜん》に対する人気があるのかもしれません。というのも、曹洞宗は禅の宗派だからです。

この時期日本に禅を紹介した人物としては、道元よりも臨済宗《りんざいしゅう》の開祖栄西《えいさい》の名を挙げる人もいます。というのも、栄西はあらゆる手段を使って禅宗を広めたからです。そのためなら権力に迎合することも辞さない根っからの現実主義者でした。そうして臨済宗は、新興の武士階級に受容され、幕府にも守られて発展していきます。

これに対して道元は、権力とはあえて一線を画した思想家でした。道元は栄西とは対照的に、自らの教えの実践として永平寺《えいへいじ》の山居《さんきょ》にこもります。そこで生涯修行を続けたのです。権力者から寄進《きしん》を受け取った弟子を破門にしたというエピソードがあるほどの厳格な人物だったといいます。彼にしてみれば、生活そのものが仏法の実践だったのでしょう。

そして坐禅《ざぜん》のみを実践する只管打坐《しかんたざ》を説き、仏の立場で仏としての修行を行うべきだと主張しました。道元にとって、坐禅は悟りのための手段などではなく、それこそが修行でありかつ悟りであると確信していたからです。

だからこそ修行と悟りの一致を意味する「修証一如《しゅしょういちにょ》」あるいは「修証一等《しゅしょういっとう》」を説いたのです。つまり、明らかに極め悟り（＝明得《みょうとく》）、正しく十分に説明でき（＝説得）、明らかに疑いもなく身につけ信じ（＝信得）、さらにそれをそのままに行じてきた（＝行得）と明言するのです。

ここではまず道元の生涯を簡単に振り返りながら、『正法眼蔵《しょうぼうげんぞう》』に表現されている概念を中心に、彼の思想を考察していきたいと思います。

道元はもともと貴族の出身なのですが、幼いころ母と死別したことに無常《むじょう》を感じ、出家したといわれています。最初は臨済宗の建仁寺《けんにんじ》に所属していたのですが、宋《そう》に留学したときに曹洞宗に出会い、考えを改めます。

最初の二年ほどはあまり実りのない留学生活を送っていたようですが、宋で如浄《にょじょう》に師事してから事態は大きく展開していきました。心身脱落《しんしんだつらく》という観念のヒントを道元に与えたのも如浄でした。もちろんそれを体得し、思想用語にまで高めたのは道元自身だったわけですが。

帰国した道元は、京都で布教に努めたのち、越前《えちぜん》の永平寺に落ち着きます。そしてそこで弟子を育成するとともに、主著『正法眼蔵』の執筆に取り組んだのです。これは八七巻にも及ぶ大著で、彼の禅思想を余すところなく表現した名著として読み継がれています。

道元の思想の特徴については、やはり只管打坐を抜きにしては語ることができないでしょう。只管打坐とは、簡単にいうと、ひたすら坐禅に打ち込むことです。他の仏教では礼拝《らいはい》をしたりお経《きょう》を読んだりしますが、そういったものを一切排除し、坐禅を唯一の行としたのです。しかも、坐禅は単なる修行方法ではなく、悟りそのものであるとさえいいます。ここが同じ禅宗でも臨済宗との大きな違いです。臨済宗の場合、公案《こうあん》といって、一見無理難題に聞こえる課題について思考することを修行の一環として重視します。いわゆる禅問答《ぜんもんどう》です。ところが、曹洞宗ではそれよりもただ黙って坐禅を組むことを重視するのです。

とりわけ道元の場合、通常の意味での思考を否定しました。通常の思考は意識だけで行うものだからです。意識とはそもそも体によって包まれたものなのですから、体全体で思考しなければならないというわけです。この心身一体となって行う思考こそ、只管打坐にほかなりません。この身体へのこだわりが、道元の思想の特徴の一つだといっていいでしょう。彼は「道を得ることは、正しく身を以って得るなり」とまで断言するのですから。

道元は、こうした心身一体となって行う只管打坐の修行によって、心身ともに一切の執着《しゅうじゃく》を離れた、悟りの境地に入ることができると主張します。私たちを縛る時間の制約からさえも解き放たれた、そんな境地です。

いわばそれは時間を忘れることと、いや、時間の観念を超えることでもあります。実は、道元の思想にとって時間の観念は非常に重要な位置を占めているのですが、それは彼のいう悟りの境地が通常の意味での時間の制約から解放されたものだからではないでしょうか。

ここがハイデガーに高く評価を受けた部分でもあります。ハイデガーもまた存在と時間の関係について探究を行った哲学者だからです。彼の主著はずばり『存在と時間』です。時間の観念については、『正法眼蔵』の中では「有時《うじ》」の巻を中心に展開されています。道元は次のようにいいます。

いわゆる有時は、時すでにこれ有なり、有はみな時なり。丈六金身これ時なり、時なるがゆえに、時の荘厳光明あり。

つまり、時間が存在であり、存在が時間だというのです。そして黄金の仏身《ぶっしん》にも比せられる悟りの状態がそのまま時間だからこそ、時間そのものが光明《こうみよう》を放つというわけです。

ここで説かれているのは、時間と存在が一体であること、そして悟りの状態がその意味での時間と同義であること、その状態は光明を放っているということです。光明を放つということの意味は一般にはわかりにくいですが、仏教の世界では悟っている状態を示すものです。

仏像の光背《こうはい》だとか、後光《ごこう》が射しているというときのあの光のことです。

さらにこの後が大事なのですが、続けて道元は「われ」について語ります。「われを排列してわれこれをみるなり。自己の時なる道理、それかくのごとし」と。つまり、自己が自己を配置することで対象を見る。それゆえに自己こそが時間なのだということです。

ここにおいて、時間、存在、光明に加えて、自己も合わせた四つが一体のものとしてとらえられていることがわかります。時間と存在との一体性や、時間が光明を放つという事態は、私たち自身がそれを感じることによって可能となるということです。

そのような時間や存在と一体となった自己を根源的人間と呼ぶとします。すると、普通の人が時間の経過を単に現象として相対的にとらえるのに対して、根源的人間は、それを自分自身にそなわった永遠の状態として絶対的にとらえるのです。言い換えると、普通の人にとっては時間は流れ過ぎ去るものであるのに対して、根源的人間にとっては、時間は宇宙全体のつらなりとして存在するものなのです。

もう少しかみ砕いてみましょう。普通の人にとっては、時間はその都度あるだけです。したがって、その時々に出くわす物や場所といった存在も、次々と遠ざかり、消えていきます。ところが、根源的人間のいう時間は永遠のものですから、常に自分とともにあるわけです。物も場所も常に存在するのです。ということは、すべてのものが常に同時に存在しているということになるわけです。
このすべてのものが同時に存在するというのは、面白い発想ですが、『正法眼蔵』の中では「経歴《きょうりゃく》」という言葉でも説明されています。道元はこう表現しています。

有時には、経めぐる〈経歴〉というはたらきがある。すなわち、今日より明日に経めぐる。今日より昨日に経めぐる。今日より今日に経めぐる。明日より明日に経めぐる。このように、経めぐりは時の働きであるから、古の時と今の時とが重なり合っているのでもなく、並び積っているのでもない。

つまり時間が過去、現在、未来を自在に行き交うイメージです。そのとき過去も未来もすべて同じアリーナに存在することになります。有時の発想においては、時間は過ぎ去るのではなく、ただ同じアリーナを経めぐるのです。だから時間そのものを存在としてとらえることが可能になるのでしょう。
道元が時間を有時と表現した背景には、こうした考え方が横たわっていたのです。有とは存在にほかなりませんから。有時という言葉自体、まさに存在と時間が一体となったものなのです。しかもその存在に意味を付与するのは、自己としてのわれだというのです。この道元の時間論は、そのまま彼の悟りの観念にもつながってきます。

　それにしても、悟りとはいったいどのような感覚なのでしょうか。私たちは当たり前のように悟りといいますが、それがどのような状態を指すのか、本当はよくわかっていません。不安な精神を取り除き、常に心を落ち着けていられる状態なのだろうと推測はできますが、具体的に言葉で説明するのは至難の業です。不安とは何か、心が落ち着くとはどういうことか。それを明瞭《めいりょう》に言語化したものが、道元が師の如浄から受け継いだ心身脱落にほかなりません。身も心も抜け落ちる感覚、いわゆる解脱《げだつ》です。

　たしかにこれなら少しわかるような気がします。おそらく心だけでなく、身体の感覚も説明してくれているからでしょう。誰しも全身の力がすっと抜けるような経験を一度くらいはしたことがあるでしょうから。あるいはこの感覚は、「空」を体験することだといわれることもあります。

　空とは仏教用語で、現実の世界に対置される世界、すべてが無意味で、物事の存在相互に差異がなく、それでいてすべての物事の意味の源泉になっているようなそういう状態です。道元は中国で修行中に、そんな不思議な状態を体験したのです。その感覚を師匠に「心身脱落、脱落心身」と説明したわけです。それはまさに無我《むが》の境地でした。この無我の境地に達することで、人間の本性《ほんしょう》である仏性《ぶっしょう》が実現され、心の安寧を得ることができたのです。

いずれにしても、悟りの境地を心身脱落という肉体感覚を想起させる具体的な言葉で言語化し得た点は、道元の思想の普及に大きく貢献したものと思われます。悟るという感覚は、結局は悟った本人にしかわからないものです。したがって、思想家に問われてくるのは、その主観的感覚をいかに客観的に言語化できるかです。道元はその能力に優れていたといっていいでしょう。

たしかに、多くの言葉はもともと存在したものです。しかし、それを自らの思想の用語として明確な意義をもたせて説明し、確立していくというのはまた別の営みなのです。たとえば、悟りの世界を表現する一顆明珠《いっかみょうじゅ》という概念があります。これも玄沙師備《げんしゃしび》という僧の言葉に起源があるのですが、『正法眼蔵』の中で道元がそれを自らの思想用語としてブラッシュアップしたものです。

とりわけ当時の禅宗の言葉は、皆中国で生まれたものばかりでしたから、それを日本に持ち帰った道元が、新たな文脈で日本の思想の用語として再生させる使命を帯びていたのはある種必然でした。八七巻に及ぶ『正法眼蔵』は、そうした思想用語のエンサイクロペディアだといっても過言ではないでしょう。

その後禅宗に限らず、島国である日本は多くの外来思想を取り入れ、それを自らの思想へと昇華していきます。その過程で行われてきたことは、まさに道元が行った外来思想の言語化にほかなりません。その意味で道元は、不安や悟りの境地を言語化し、日本思想形成の作法を確立したパイオニアだといえるのではないでしょうか。

思想のポイント

坐禅は悟りのための手段などではなく、それこそが修行であり、かつ悟りである！

思想の活かし方

道元の思想から、自分の心の中にあるものを言語化するための思考法を学ぼう！

無常観で人々を鼓舞し続けるエッセイスト

吉《よし》田《だ》兼《けん》好《こう》

(1283頃-1352以後)

刹那《せつな》覚えずといへども、
これを運びて止まざれば、
命を終ふる期、忽《たちま》ちに至る。
されば、道人は、
遠く日月を惜しむべからず

『徒然草《つれづれぐさ》』

一瞬一瞬を懸命に生きるための思想

「つれづれなるままに、日暮らし、硯にむかひて、心にうつりゆくよしなしごとを、そこはかとなく書きつくれば、あやしうこそものぐるほしけれ」。この『徒然草《つれづれぐさ》』の書き出しを知らない人は少ないでしょう。それほど日本人に親しまれている吉田兼好《よしだけんこう》。

この文の意味は、することもなく手持ちぶさたなのにまかせて、一日中硯《すずり》に向かい、心の中に浮かんでは消えていくとりとめもないことを、あてもなく書きつけていると、異常なほど、とりつかれたような気持ちになるものだという意味です。

これこそ、まさに吉田兼好という人物を象徴するものといっていいでしょう。彼は無常観をテーマに日常を綴《つづ》り、人々を鼓舞し続けた稀代《きだい》のエッセイストなのです。そして思うがままを文章にしていった、その成果が名著『徒然草』だったのです。

ここではこの国民的エッセーともいうべき『徒然草』を中心に、吉田兼好の思想をひもといていきたいと思います。まずは彼の生涯を振り返ってみましょう。

吉田兼好は出家していたため兼好法師《ほうし》とも呼ばれますが、本名は卜部兼好《うらべのかねよし》といいます。正式な生没年は不明なのですが、鎌倉時代の人であることは間違いありません。もともとは官吏の家の出で、自らも官吏として働いていましたが、俗世間《ぞくせけん》に生きることに嫌気がさし、悩みながらも比較的若くして出家を決意したようです。

基本的に京都で暮らしていた兼好ですが、何度か関東にも滞在しています。当時都として貴族が浮世離れした生活を送っていた京都に比べ、関東では人々は質素な生活を送っていました。そこでの体験が多少なりとも『徒然草』に影響を与えたのではないかと推測されます。

また兼好は歌人としても知られているのですが、それもそのはず、彼は出家後しばらくして、歌人として生きていくための本格的な修業を積んでいたようです。そうして歌合せや歌会に参加したりしていました。もちろん世俗との交わりは極力避けながらではあったわけですが。

では、『徒然草』は兼好の人生の中でいつ頃書かれたものなのか？　これについては一年ほどで一気に書かれたとか、前後期に分かれるとか、ほとんどは一気に書かれたものであるとか、二〇年ほどにわたって書き綴られてきたといった説があります。こうした説はいずれも本文中に出てくる史実などから推察されるわけですが、兼好が早くから出家し、しかもその前から俗世間をはかなんでいた点や、また大きな変化のない中でずっと出家者として隠遁《いんとん》生活を送ってきたという点に着目するならば、成立時期はあまり問題ではないように思います。

むしろ若くしてこの世の無常を感じとった鋭い洞察力と、歌人としての鋭い感性の二つを兼ね備えたこの思想家が、当時の日本をどう感じ、どれほど普遍的な思想を残したのかということにこそ着目すべきでしょう。

その意味で、清少納言《せいしょうなごん》の『枕草子《まくらのそうし》』、鴨長明《かものちょうめい》の『方丈記《ほうじょうき》』と並んで三大随筆の一つと称される『徒然草』ですが、あえて単なるエッセーではなく、思想書としてとらえて考察していきたいと思います。

全体としてみると、二四〇余りの短章から成っているうえに、それが心のままに書き足されていったということもあって、統一感があるようでないものになっています。それはそのまま思想の多面性という結果を生んでいます。

しかし、もしそこに何か一貫したコンセプトのようなものがあるとするならば、やはりそれは無常観ということになるのでしょう。「花はさかりに、月はくまなきをのみ見るものかは」という有名な表現がありますが、まさにここに表現されているのが無常観です。兼好は、満開の花や満月にではなく、むしろ移ろいゆく自然の姿にこそ無常の美を見ていたのです。そして「世はさだめなきこそいみじけれ」というふうに、人生もまた無常であるからいいのだと考えていたのです。

それが一番明確に示されているのは、第一〇八段の次の一節ではないでしょうか。「刹那覚えずといへども、これを運びて止まざれば、命を終ふる期、忽ちに至る。されば、道人は、遠く日月を惜しむべからず」。つまり、ほんの短い時間といえども、これをただ漫然と過ごしてしまえば、たちまち死がやってくる。だからこそ、仏道《ぶつどう》の修行者《しゅぎょうしゃ》は、遠い先の時間のことを考えていてはいけない。今の一瞬一瞬を空しく過ごさないようにしなくてはならないということです。

たしかに人生は一瞬一瞬移り変わっていく無常なものです。そうすると、私たちの生涯はそれら一瞬一瞬の積み重ねだということになります。でも、普段はそのことに気づかないので、まるで長い時間があるかのように感じてしまうのです。だから一瞬一瞬を大事にしようとはしません。そうして気づけば死を迎えることになるのです。

兼好は、それではいけないと考えているわけです。それゆえ一瞬一瞬を空しく過ごしてはいけないと戒めるのです。逆に考えると、私たちは一瞬一瞬異なる人生を楽しむことができるともとらえられるのではないでしょうか。もしそうとらえることができれば、人生は無常だからこそいいという結論になるはずです。これこそ「さだめなきこそいみじけれ」が意味するところにほかなりません。

そうすると、当然無駄なことに時間を費やしたり、気を取られてばかりいるのはもったいない限りです。兼好は第一一二段でそのことをきっぱりと断言してくれています。これは私の一番好きな箇所でもあります。

人間の儀式、いづれの事か去り難からぬ。世俗の黙しがたきに随ひて、これを必ずとせば、願ひも多く、身も苦しく、心の暇もなく、一生は雑事の小節にさへられて、むなしく暮れなん。日暮れ塗《みち》遠し。吾が生既に蹉跎《さだ》たり。諸縁を放下すべき時なり。信をも守らじ。礼義をも思はじ。この心をも得ざらん人は、物狂ひとも言へ、うつなし情なしとも思へ。毀《そし》るとも苦しまじ。誉むとも聞き入れじ。

つまり、世俗のしきたりは、どれもなくしにくいものばかりだということです。無視できない世俗の習慣に従って、これを必ずやらねばならないと考えると、願いも多く、身も苦しく、心に暇もなく、一生はこまごました雑事の小さな義理立てにさえぎられ、空しく暮れてしまうでしょう。

その結果、日は暮れたけれど、いまだに道は遠い。自分の人生はすでに行き詰まったなどということになりかねません。だから、あらゆる縁《えん》を捨て去るべきだというのです。信用など守らなくていい。礼儀も思わなくていい。この気持ちを理解できない人は、物狂いだといいたければいえばいいし、正気を失っているとも、人情に欠けるとも思うがいい。人が文句をいったって、苦しむまい。誉めても聞き入れまい。

兼好はこのように割り切ります。世俗の空しさを知り、逆に出家して無常を生きることの大切さを日々実感していた兼好だからこそいえることです。世俗にしがみついている私などは、思ってはいてもなかなかこんなことを口にする勇気がありません。年賀状を止める宣言をするのが関の山です。だからこそ『徒然草』に惹《ひ》かれるのです。

兼好の無常観は、こうした生き方や日常の実践に結び付けられるところに意義があるように思います。いわば実践的無常観です。『徒然草』は兼好が思いついたことだけでなく、彼の生き方の実践の記録でもあるのです。少なくとも私はそのように読むのがいいと思っています。

おそらくこの兼好の思想の実践性は、禅から来ているのではないでしょうか。現に、道元の曹洞宗や栄西の臨済宗からの影響を指摘する研究は色々あります。たとえば臨済宗では、無事《ぶじ》の思想が説かれます。これは、平常無事で、他に何物も求めることをしないという状態です。そんな境地を知る者が知者《ちしゃ》であるとされるのです。

兼好は、無事という言葉こそ使わないものの、これに似た状態が一番よいとしています。第一七五段にある「人事多かる中に、道を楽しぶより気味深きはなし」がそれにあたります。つまり、人間がする事はたくさんあるが、人として最大の良いことは純粋に仏道に励むことだという意味です。兼好の無常を常とする生き方は禅の修行にも似ており、その言葉は時に禅問答のように響くことがあります。

ここまで兼好の無常観を強調してきましたが、実は『徒然草』の魅力はそれにとどまるものではありません。たとえば、人間や社会に対する鋭い洞察もこの作品の特徴の一つです。油断を戒めた、「あやまちはやすき所になりて必ず仕る事に候ふ」という高名の木登りの有名な一節からもわかるように、兼好は実に微細に人間を洞察し、現代にまで通じるウイットに富んだ箴言《しんげん》を残しています。だからこそ学校教育においても必須《ひっす》の古典になっているのでしょう。

さらに、兼好は歌人であったこともあり、文章表現も美しく、『徒然草』からはまるで延々と続く歌を聞いているかのような心地よいリズムを感じます。古典の時間に暗唱させられても、なぜか歌を覚えるようでワクワクしたことを記憶しています。古典の暗唱で私がそんなふうに感じたのは、実際に歌として伝わった『平家物語』のほかにはこの『徒然草』だけです。

実践的無常観、ウイットに富んだ箴言、心地よいリズム。この三つが『徒然草』の根幹です。そう考えると、思想書『徒然草』はなんとなくドイツの哲学者ニーチェの著作に似ているような気がします。『ツァラトゥストラはこう言った』などで有名な実存主義の哲学者です。ニーチェの場合、いかに生きるかという実存主義の答えとして、超人《ちょうじん》の概念を提起しました。虚無《きょむ》を乗り越えて強く生きる人間像です。もしかしたら、兼好の説く生き方は、日本版超人なのかもしれません。無常を受け止めて強く生きよと、私たちを鼓舞し続けてきたのですから。それが色濃く表れているのが、第三八段の次の一節です。

本より、賢愚・得失の境にをらざればなり。迷ひの心をもちて名利の要を求むるに、かくの如し。万事は皆非なり。言ふに足らず、願ふに足らず。

知があるだとかないだとか、どっちが賢いとか愚かだとか、そのようなことをいう時点でもうすでに間違っているというのです。なぜなら、もともと真の賢者は、賢いとか愚かだとか、あるいは損得を区別して満足するような相対的な境地にはいないからです。そして、迷いの心を持って名誉や金銭を欲すると、あらゆることが愚かな結末を迎えてしまうと指摘します。名誉・金銭にかかわる世俗の万事は、すべて否定されるべきことなのです。だからそんなことを語っても仕方ないし、願っても仕方ないというわけです。

本当の知者は、知を比較可能な相対的なものとしてとらえないというのは、とても力強い発想です。これぞ無常を受け止めるということの真の意義ではないでしょうか。一瞬一瞬を強く生きる人間にとって、そのような他者との比較は無意味なのです。自分にとって意味があるのは、今を懸命に生きることだけ。

徒然なるままに生きるというのは、本当はそういうことなのだと思います。ただ漫然と生きている人間が、冒頭で「あやしうこそものぐるほしけれ」などとは宣言しないでしょう。兼好は、異常なほどとりつかれていたのです。人生という激しい営みに。

思想のポイント

無常を受け止めて強く生きよ！

思想の活かし方

吉田兼好の思想から、一瞬一瞬を懸命に生きるための思考法を学ぼう！

不安を可能性に変えた日本哲学の祖

西田幾多郎《にしだきたろう》

(1870-1945)

善とは一言にていえば人格の実現である。
これを内より見れば、真摯なる要求の満足、即ち意識統一であって、その極は自他相忘れ、主客相没するという所に到らねばならぬ。

『善の研究』

対立を無化するための思考法

西洋の思想や技術の流入によって、急激に近代化した日本社会。必然的に人々の不安も高まっていきました。そんな中、西洋思想をうまく取り込むことで、むしろ不安を新たな可能性へと昇華させた哲学者がいます。京都学派《きょうとがくは》の創設者として世界にその名を知られる西田幾多郎《にしだきたろう》です。京都帝国大学教授として多くの弟子や仲間たちとともに、日本独自の哲学を構築していきました。彼が思索しながら歩いた銀閣寺《ぎんかくじ》近くの小道は「哲学の道」として、観光名所になっています。

西田哲学の特徴は、西洋の思想に、自らも実践していた禅の思想を融合させたような独特のものです。その精華ともいえるのが、一九一一年に発表された『善の研究』です。非常に難解な内容ながら、当時のベストセラーになっています。人々がこの新しい哲学に大きな可能性を感じていた証拠だといえます。

そこでは主客未分《しゅかくみぶん》の純粋経験《じゅんすいけいけん》の意義が説かれており、西洋の二項対立的な思想を乗り越える可能性を秘めているともいわれています。また、絶対無《ぜったいむ》という概念によって、西洋の有の思想に対して、東洋の無の思想という独自性を見出《みいだ》している点も特徴です。

ここではそんな西田の生涯を振り返りつつ、彼の樹立した日本の哲学について見ていきたいと思います。

西田幾多郎は、一八七〇年、石川県の宇ノ気《うけ》村というところに生を受けます。そのため、石川県には西田幾多郎記念哲学館があります。西田は師範学校予備科で学んでいたころ、西洋数学を教えていた北条時敬《ほうじょうときゆき》の影響で、北条が関心を抱いていた禅に興味を持ちます。これが西田と禅との出会いです。

その後西田は、東京帝国大学哲学科選科に入学します。ただ、選科生というのは本科生よりも低く見られ、就職も厳しかったため、なんとか石川県にある中学校に職を見つけるので精一杯でした。このころから西田は、自らの哲学を構想し始めると同時に、身内の不幸が重なったこともあって、参禅《さんぜん》を繰り返すようになります。このことからも、西田哲学にとって、禅がいかに重要なものであったかうかがい知ることができるでしょう。

こうして西田は、第四高等学校、山口高等学校、学習院教授を経て、ようやく一九一〇年、京都帝国大学に招かれます。そしてすぐに、主著となる『善の研究』を世に問うと、これが一躍ベストセラーとなりました。

一九二〇年ごろからは、西田に哲学を学ぶために、京都帝国大学に優秀な人材が集まるようになり、徐々に京都学派が形成されていきます。本書で扱っている九鬼周造《くきしゅうぞう》は西田が呼び寄せた人物ですし、三木清《みききよし》は西田の愛弟子《まなでし》です。和辻哲郎《わつじてつろう》は直接京都学派に関係するわけではありませんが、同時期に西田の同僚として京都で思索形成を行っていたのですから、影響を受けていないはずがありません。

ちなみに、京都学派という名称は西田自身が命名したわけではなく、後に弟子がそのように呼んだだけです。したがって、厳密な学派というより、批判者も含め、また必ずしも西田に学んだ者ではなくても、京都学派と呼ばれることはあります。それほどに、多くの哲学者に影響を与え、今なお世界中で議論の対象となっているのです。

そんな偉大ともいうべき西田幾多郎の思想については、やはりまず主著である『善の研究』から見ていくのがいいと思います。この本で彼は、「疑うにも疑いようのない直接の知識」とは何かを追求しようとしたといいます。その答えが、主観と客観とにまだ分かれず、知情意《ちじょうい》の区別もまだない「純粋経験」だったのです。この概念について西田は次のように表現しています。

> 自己の意識を直下に経験した時、未だ主もなく客もない、知識とその対象とが全く合一して居る。これが経験の最醇なる者である。

つまり、何かと接した時、人はそれを経験することになるわけですが、その直前の段階があるはずだというのです。その経験する直前の段階というのは、いわば自己が対象と一体となって混在している状態です。

経験に入る前の原初の状態だといってもいいでしょう。いわば物事を意識する前の忘我状態みたいなものです。たとえば、音楽が耳に入ってきた時、「これは何の曲だろう」などと考え始める直前のように。あるいは、何かわからないまま口にして、「これは何の食べ物だろう」と考え始める直前のように。それはもう瞬間なわけです。たとえそれがどんなに短い時間であったとしても、論理的には、対象と接した自分がそれについて経験といえるほど頭を使って理解するまでの間に、純粋経験ともいうべき段階が存在するということです。

西田は、その純粋経験の先に人格の実現としての「善《ぜん》」を発見したのです。これが本のタイトルの意味でもあります。では、善とは何か？　西田の説明を見てみましょう。

善とは一言にていえば人格の実現である。これを内より見れば、真摯なる要求の満足、即ち意識統一であって、その極は自他相忘れ、主客相没するという所に到らねばならぬ。外に現われたる事実として見れば、小は個人性の発展より、進んで人類一般の統一的発達に到ってその頂点に達するのである。

つまり、善とは人格が実現することだというのです。しかもそれは意識の統一であり、自他の区別をしない感覚であり、個人が人類一般の発達に貢献することであるといいます。人間は、何か対象に接すると、それと自分の意識とをかかわらせます。その結果として、自らの人格を形成していく存在なのです。その頂点が善ということになるのでしょう。

西田の哲学は、ここからそうした対象と意識のかかわる場所に着目するようになります。『善の研究』の後、西田はその名もずばり「場所《ばしょ》」という論文を書きます。そして、「意識と対象と関係するには、両者を内に包むものがなければならぬ。両者の関係する場所という如きものがなければならぬ」として、何らかの対象について思考する際の意識の現れる場所について論じるのです。

もちろん、ここでいう場所は、物理的な空間ではありません。それは彼が「無《む》の場所《ばしょ》」と呼ぶ観念的な場所なのです。西田はこう表現しています。

真の無の場所というのは如何なる意味においての有無の対立をも超越してこれを内に成立せしめるものでなければならぬ。何処までも類概念的なるものを破った所に、真の意識を見るのである。

つまり、真の意識とは、あらゆるもの同士、あらゆる概念同士の対立がなくなる場所において現れるということです。もはやそれは無限のアリーナといってもいいでしょう。その場所ではすべてが一度混沌《こんとん》とした状態に陥るのです。

たしかに物事をとらえようとするとき、私たちの意識はいったん開かれます。その対象となる物事を把握するために、内側に取り入れるのです。物事には大小さまざまなものが存在します。中には無限の大きさを持つものもあるでしょう。とするならば、その対象を取り込む場所も無限の大きさでなければ、対応できないはずです。だから西田は、その場所を「絶《ぜっ》対無《たいむ》の場《ば》所《しょ》」と呼んで、次のように説明しています。

限定された有の場所において単に働くものが見られ、対立的無の場所においていわゆる意識作用が見られ、絶対無の場所において真の自由意志を見ることができる。

つまり、場所の態様によって、見られるものが異なってくるのです。限定された有の場所では単に働くものが、対立的無の場所では意識作用が、絶対無の場所においては真の自由意志が、という具合に。単に働くものというのは、意識にも至らない心の働きなので、それと意識や真の自由意志を比べると、これらは順に段階がレベルアップしていることがわかります。

いわば、絶対無の場所に行けば、人は自由になれるのです。なんでも理解することができるのです。西田はそんな場所を意識のための形而上学的《けいじじょうがくてき》な場所として想定したのです。この絶対無は、「絶対矛盾的自己同一《ぜったいむじゅんてきじこどういつ》」という西田哲学の中でも最も難解な概念を解くカギを握っています。

「絶対矛盾的自己同一」とは、絶対的に矛盾するものが、同一の場において相互に関係をもって作用し合うことです。たとえば、個物と一般者、あるいは一と多は、互いに正反対の概念として、絶対的に矛盾した関係にありながらも作用し合っています。どうしてこのようなことが可能になるかというと、これらがともに絶対無という概念によって媒介されるからだというのです。

この部分はいかにも宗教的なニュアンスを帯びており、実際そういった批判もされるのですが、それは西田が禅の思想に強く影響を受けている点に起因しています。したがって、単なる神秘主義《しんぴしゅぎ》として退けるのではなく、もう少し現実的な理論としてとらえてみるべきでしょう。

つまり、西田のいう絶対無の場所が、私たちに真の自由意志を与えてくれるのであれば、たしかに対立する物同士を同時に存在するものとしてとらえることも許されるはずです。言い換えると、このように矛盾したものが同時に存在しうる概念上の共通の土台こそが、絶対無にほかならないのです。考えてみると、世の中に存在するものはすべて矛盾のうえに成り立っているわけですから、絶対無は世界を理解するための土台だということもできるでしょう。

矛盾を対立としてしかとらえることができないようでは、いつまでたっても問題は解決できません。西田の哲学は、一貫して対立を無化するための論理を追求してきたように思えます。だからこそ、西洋の行き詰まりがもたらす不安に対し、それを打開するためのもう一つの可能性として、今や日本だけでなく世界中から期待が寄せられているのではないでしょうか。

思想のポイント

善とは人格が実現することである！

思想の活かし方

西田幾多郎の思想から、対立を無化するための思考法を学ぼう！

世界を癒すZENの伝道師

鈴《すず》木《き》大《だい》拙《せつ》

(1870-1966)

禅は元来、
経験—すなわち
人間の平常生活そのもの—
を離れぬところにあるので、
禅思想はやがて禅行為であり、
禅行為はやがて禅思想である。

『禅の思想』

不可解をなくすための思考法

鈴木大拙《すずきだいせつ》は禅を海外に広めた立役者として知られています。英語に堪能《たんのう》だった大拙は、海外に渡り、英語で禅について語り、著作を発表しました。彼の功績のおかげで、今や英語で読めるたくさんの本が出ており、禅はＺｅｎとして海外で最も有名な日本の哲学になっています。いわば大拙は、日本だけでなく世界中を癒したＺｅｎの伝道師なのです。

大拙の思想がここまで受けたのは、東洋思想を西洋思想とはまったく異なるものとして提示したからだといっていいでしょう。つまり、両者には生死の観念から神の理解の仕方に至るまで、根本的に相いれないほどの違いがあって、だからこそ西洋的発想のオルターナティブ（代替物）になりうることを認識させるのに成功したからです。

たとえば大拙は、「無分別《むふんべつ》の分別《ふんべつ》」を説くことで、個体《こたい》という観念が幻想にすぎないという発想を生み出すに至ります。そんな西洋哲学では当たり前の主観主義《しゅかんしゅぎ》や個体主義《こたいしゅぎ》を否定してみせたところに、西洋のエリートたちを惹きつける要素があったのではないでしょうか。ここではまず大拙の生涯を振り返りつつ、彼の禅の思想について考察していきたいと思います。

鈴木大拙は、一八七〇年、石川県金沢《かなざわ》市にて、旧金沢藩藩医の四男として生を受けます。

新制の第四高等中学校に進学し、ここで生涯公私共に交流を深めることになる西田幾多郎と出会います。家計の都合で学校を退学した後は、英語教師として糊口《ここう》をしのぎますが、再び学問熱に導かれ、上京します。東京では、東京専門学校を経て、西田と共に東京帝国大学選科に学び、鎌倉円覚寺《かまくらえんかくじ》にて参禅するようになります。

ここで出会った師、釈宗演《しゃくそうえん》より「大拙」の居士号《こじごう》を受けました。ちなみに、大拙とは「大巧は拙なるに似たり」という意味だといいます。その後、釈宗演の紹介でアメリカに渡り、出版社で東洋学関係の書籍の出版に当たると同時に、『大乗起信論《だいじょうきしんろん》』を英訳して発表し、注目を浴びます。以来、数回の帰国をはさみつつ、長年アメリカに滞在しました。

五一歳の時、大谷大学教授に就任し、大学内に東方仏教徒協会を設立したり、英文雑誌『イースタン・ブディスト』を創刊したりしました。晩年は鎌倉に在住し、自ら創設した「松ケ岡文庫《まつがおかぶんこ》」で研究生活を行いました。また、九五歳で亡くなるまで、旺盛《おうせい》に海外での講演や海外の思想家たちとの対話を続け、世界への禅の普及に尽力しました。

このように、生涯を世界への禅の普及のために費やした大拙の思想については、『禅の思想』から見ていくのがいいでしょう。タイトルからもわかるように、大拙の禅に対する基本的な考え方がわかる本だからです。大拙はまず禅の性格を次のように表現します。

禅は元来、経験―すなわち人間の平常生活そのもの―を離れぬところにあるので、禅思想はやがて禅行為であり、禅行為はやがて禅思想である。それは人間の経験は、一面、行為で、一面、思想だからである。一般には思想と行為とを分けて話すのであるが、禅ではその思想をいうときその行為をいっていることになるのである。

つまり、禅とは人間の生活そのものであり、人間の生活が行為と思想からなっている限り、禅もまた思想だけでなく行為から構成されているというわけです。だから坐禅を組むことが重要な要素になってくるのです。このこと自体、頭で考えることのみを重視する西洋哲学とは大きく異なる点であるといえます。

もちろん坐禅を組むことが禅の行為としては最も典型的なものになるのですが、日常の行為も皆禅の行為になり得ます。その場合の行為は、大拙の言葉でいうと、「無功徳《むくどく》」あるいは「無功用《むくゆう》」と表現されます。簡単にいうと、効果やメリットなど考えずに、ただやっていることに専心するということです。大拙は、報いを考えずに仕事に専念するという例を挙げています。

それが思想、知の文脈で語られるとき、先ほど紹介した「無分別の分別」として立ち現れるのです。この概念を理解するのは難しいのですが、『禅の思想』で大拙が述べているところを紹介しましょう。

分別論理の上で、個を基礎とした行為と見られるものでも、その行為の主体は個を超えているとの意識がなくてはならぬ。宗教的行為には、いつもこの超個の意識がある。超個の意識は無分別の分別である。これは報いを求めない。また個を目的論的実体と考えない。個はある、これは打ち消されない。が、個は超個によってあるもので、個自体として独立のものではない。

ここからわかるのは、無分別の分別とは、超個《ちょうこ》の意識であるという点です。超個とは、文字通り個人を超えたものですが、そのベースに個があることに注意が必要です。いわゆる個《こ》人主義《じんしゅぎ》のいう個ではなく、個でありながらも個の外側にあるものと一体となった存在、あるいは意識を指しているといえます。

個人の意識である限り、分別たらざるを得ないし、そうあるべきなのですが、大拙は、それだけではだめで、その背後に無分別が求められるというのです。そうでないと物事をとらえきることができないからです。分別は人間の認識能力の一部でしかありません。そのほかにも無分別が求められるのです。それを無意識と呼んでもいいでしょう。分別では分けきることのできない部分に、無分別があるのです。その無分別を個が持つとき、それが無分別の分別になるのです。大拙は無分別の分別の効用について次のように述べます。

この立場でいうと、認識現象の前に立つものと後ろにあるものとは、分別知の上でこそ両「不可解」ではあるが、無分別の分別では、決して不可解ではないのである。禅経験では両「不可解」は分別認識の上に解消するものなのである。

つまり、分別だけを用いているうちは不可解なものが生じてくるのですが、無分別を用いることで、その不可解な部分が解消されるということです。わからないのは、分別だけで判断しようとしているからなのです。いかにも精神的に聞こえるかもしれませんが、これが禅の哲学にほかならないのです。この哲学は、大拙の著名な作品『日本的霊性《にほんてきれいせい》』の中でより明確にされていきます。そこで次にこの作品について見ていきたいと思います。

『日本的霊性』は、当時軍国主義《ぐんこくしゅぎ》の文脈で盛んに喧伝《けんでん》された「日本精神《にほんせいしん》」という概念に抗して、本来の日本の精神を紹介するために著されたものです。その本来の日本の精神を「日本的霊性」と呼んだわけです。では、そもそも霊性《れいせい》とは何なのでしょうか？　大拙は次のように説明しています。

なにか二つのものを包んで、二つのものがひっきょうずるに二つでなくて一つであり、また一つであってそのまま二つであるということを見るものがなくてはならぬ。これが霊性である。今までの二元的世界が、相克し相殺しないで、互譲し交歓し相即相入するようになるのは、人間霊性の覚醒にまつよりほかないのである。

二つの相いれないもの、とりわけ精神と物質の対立を乗り越えるためのものとして、霊性があるというのです。いわばそれは精神と物質の世界の裏側にあるもう一つの世界だともいっています。こうした意味での霊性はどこの国にもどこの文化にも存在するものです。ただ、日本には日本独自の霊性があるとして、それを日本的霊性と呼んでいるのです。

日本的霊性は、具体的に浄土系思想と禅によって構成されているといいます。その日本的霊性の体現者として大拙が高く評価するのが「妙好人《みょうこうにん》」です。妙好人というのは、浄土系信者の中で、特に信仰に篤《あつ》く、徳行《とくぎょう》に富んでいる人のことです。たとえば、大拙は浅原才市《あさはらさいち》という人物を取り上げています。才市は島根県の下駄《げた》作り職人なのですが、仕事の合間に「口あい」と呼ばれる詩をたくさん詠《よ》んだとされる人物です。その詩の中に、日本的霊性がよく表現されているといいます。大拙が引用する才市の次の歌を見てください。

歓喜の御縁にあうときは、
ときも、ところも、ゆわ（言わ）ずにをいて、
わしも歓喜で、あなたもくわんぎ、
これがたのしみ、なむあみだぶつ

ここでは、才市の歓喜が単に個としての意識ではなく、超個としての意識としても現れていることが表現されています。それは、時や所を問わないという部分からうかがい知れます。大拙によると、最後の「なむあみだぶつ」は才市が唱えているのではなく、彼の主体そのものが南無阿弥陀仏そのものになった状態だといいます。

これがまさに日本的霊性の覚醒《かくせい》であり、あらゆる対立を乗り越え、不可解を無化してしまう状態にほかならないのです。たしかにこれはいくら理屈で考えても、理解することはできなさそうです。大拙のいうように、行為、実践が必要です。その行為の繰り返しの中で、ある日ふとこの世の不可解が消える。そんな感覚を求めて、今もなお世界中の人々が大拙の思想に学ぼうとしているのではないでしょうか。

思想のポイント

禅とは人間の生活そのものであり、行為である！

思想の活かし方

鈴木大拙の思想から、精神と物質の二項対立を乗り越えるための思考法を学ぼう！

第2章

環境とＳＤＧｓの先駆けとなった思想家たち

日本発ＳＤＧｓの先駆者

空《くう》海《かい》

（774–835）

六大《ろくだい》無礙《むげ》にして常に瑜伽《ゆが》なり
四種曼荼《まんだ》各離れず
三密《さんみつ》加持《かじ》すれば速疾に顕はる
重重帝網《たいもう》なるを即身と名づく

『即身成仏義《そくしんじょうぶつぎ》』

新しい世界を創るための思想

日本思想をつくった最初の人物として、空海《くうかい》の名を挙げる人は結構います。日本独自の密《みっ》教《きょう》を確立し、それを日本に広めることによって、新しい思想を創造したと受け止められているからかもしれません。しかも空海は、それを自覚的に行ってきたのです。弟子が著した『空海僧都伝《くうかいそうずでん》』には、「我が習ふ所は古人の糟粕《そうはく》なり」として、自分が学んでいるのは昔の人の残りかすだといったエピソードが記されています。だからこそ自分で新しい学問を創造しようとしたわけです。

その創造は、二四歳の時に著した衝撃的デビュー作『三教指帰《さんごうしいき》』以来、様々な書においてあらゆる思想の統合を試みる形で実践されてきました。もちろん空海の思索は死ぬまで続くわけですが、五七歳の頃著した『十住心論《じゅうじゅうしんろん》』である程度定まった体系が示されます。その意味で、ここでは『三教指帰』と『十住心論』を中心に、空海の創造性に着目しながら、彼の思想の本質に迫りたいと思います。

まずは空海の人生を簡単に振り返ります。空海は七七四年、今の香川県に生を受けました。幼少の頃より、親戚《しんせき》にあたる学者阿刀大足《あとのおおたり》の下で儒学《じゅがく》を修めます。そうして一八歳の時には都の大学に進学するのです。そこで仏教に出会い、惹《ひ》かれていきました。そのプロセスを思想劇として描いたものこそ『三教指帰』にほかなりません。

『三教指帰』は、思想劇なので、戯曲のような体裁になっています。蛭牙公子《しつがこうし》という不良青年をなんとかしようと、保護者である兎角公《とかくこう》が儒教の学者亀毛《きもう》先生に頼んで説教をしてもらうという設定です。蛭牙公子は亀毛先生の話を聞いて、いったんは納得するのですが、虚亡《きょぶ》隠士《いんし》なる人物が現れて、儒教批判を展開します。そして道教の教えを説得的に説くのです。それによって蛭牙公子は今度は道教になびいてしまいます。

そこに空海をモデルとしたと思《おぼ》しき仏教者、仮名乞児《かめいこつじ》が現れます。彼は、儒教や道教が単に世間の道理を説くにすぎないのに対して、仏教は宇宙の真理を説くものであると喝破します。そのかいあって、蛭牙公子が仏道《ぶつどう》に精進《しょうじん》することを誓って物語は終わるのです。

つまり、空海はこの物語を通して、自分自身が今後仏教の道に進むことを宣言すると同時に、仏教の優れている点を世に訴えようとしたわけです。

さて、この思想劇で華々しくデビューを果たした空海は、三一歳の時、唐《とう》に留学するチャンスを得ます。そして入唐後は、持ち前の熱心さで最新の学問を吸収し、高僧恵果《けいか》の下、必死に密教の修得に努めました。

唐から帰国すると、空海は、終生ライバルと称されることになる最澄《さいちょう》とかかわりを持つようになります。あの天台宗《てんだいしゅう》の開祖《かいそ》、最澄です。最澄もまた空海と共に遣唐使として唐に学び、最新の仏教を摂取してきた人物です。

最澄は一九歳の時比叡山《ひえいざん》に入り、天台教学の基礎を完成させました。そうして日本天台宗の開祖となったのです。年齢も空海より七つ上でした。ところが、密教に関しては空海のほうが詳しかったので、教えを乞《こ》う関係になったのです。二人はのちに学問の方法をめぐって仲たがいすることになりますが、それでも最澄が空海の密教を学び続けるという関係は続きます。

その他、思想以外の部分で特筆すべきなのは、空海のかかわった様々な社会事業です。空海は高野山《こうやさん》の開創《かいそう》、東寺《とうじ》の運営にとどまらず、地元讃岐《さぬき》の満濃池《まんのういけ》の修築、学校綜芸種智院《しゅげいしゅちいん》の設立など、社会事業にも乗り出し、僧としての範囲を越えて活躍します。しかも、いずれも困っている人を助けるための活動です。満濃池の修築は、大雨が降るたびに決壊して困っていた地元の人たちを救うために行ったものですし、綜芸種智院も、当時は一般庶民が学ぶための学校がなかったために設立したものです。

ここがまた空海のすごいところであり、特徴的な部分でもあります。つまり、本業である仏教の布教だけでなく、それを通じて社会に貢献しようという意識が常にあったといっていいでしょう。誰もが等しく幸福を得られるように。いわば現代のＳＤＧｓの精神を先取りした先駆者であったといっても過言ではないのです。

では、空海が確立した密教とはいったいどのような教えなのでしょうか。一言でいうと、密教とは天台を含むそれ以外の仏教である顕教《けんきょう》に対立する概念を指します。密教がそう容易に明らかにできない秘密の教えであるのに対して、顕教は明らかかを意味する顕の字の通り、誰にでも明らかにわかるような仏教を指しています。

ところが、顕教では悟《さと》りの世界は言葉では説明できず、成仏《じょうぶつ》するのにも長い時間がかかるとしています。これに対して密教の場合、悟りの世界は真言《しんごん》によって表すことが可能で、即《そく》身成仏《しんじょうぶつ》も可能なのです。いわば仏《ほとけ》の真似をすることで、仏らしく生きることができるということです。

そのための方法として、空海は三密瑜伽《さんみつゆが》の修行を紹介します。身密《しんみつ》（身体）、口密《くみつ》（思考）、意密《いみつ》（心）の三密を行うことで、仏と一体化しようというものです。具体的には、身密とは印契《いんげい》を結ぶことを意味し、口密とは真言を読誦《どくじゅ》することを意味し、意密とは本尊《ほんぞん》の観想《かんそう》を行うことを意味します。こうした修行を通じて、私たちは即身成仏することが可能になるというのです。こうした具体的な方法論に創造性を感じざるを得ません。

この空海の即身成仏の論理は、彼が四六歳ごろに著したとされる『即身成仏義《そくしんじょうぶつぎ》』に詩の形で詳しく記されています。重要な言葉がいくつか出てくるので、少し見てみましょう。どの一文もとても深い意味があるわけですが、ここでは全体の趣旨がわかる程度に、引用とともにカッコ書きで概要のみ記しておきます。

六大無礙にして常に瑜伽なり（地《ち》水火《すいか》風空識《ふうくうしき》の六つは融合している）
四種曼荼各離れず（四種類のマンダラは各々離れることはない）
三密加持すれば速疾に顕はる（身口意の三密によってすぐに悟りの世界が現れる）
重重帝網なるを即身と名づく（宮殿に張り巡らされた網の宝石のように映し合うことを即身という）
法然に薩般若を具足し（誰もがあるがままにあらゆるものを知る智《ち》を備えている）
心数心王刹塵に過ぎたり（心そのものと心の動きは無数にある）
各五智無際智を具す（それぞれに五種の如来《にょらい》の智と際限のない智が備わっている）
円鏡力の故に実覚智なり（それらの智によって鏡のようにすべてを照らし出すから真実を悟るのである）

いかがでしょうか。短い表現の中にも深いロジックが伝わってくる含蓄のある詩です。つまり、この宇宙の中で、三密加持《かじ》を通じて即身成仏が可能になり、それによって際限のない智を手にするというプロセスが説かれているわけです。これをもっと体系的にまとめたのが、初めに言及した『十住心論』です。この書は、正式名称を『秘密曼荼羅《ひみつまんだら》十住心論』といい、当時の天皇が各宗派に教義《きょうぎ》の大綱を提出するよう要請したのに応じたものです。内容はもちろん、全一〇巻と量的にも他の宗派の度肝を抜くすごい書物だったようです。

空海にしてみれば、密教が一番優れていることを示すまたとないチャンスですから、それだけ力を入れたのでしょう。その意味で空海の主著といっても過言ではありません。空海はこの本の中で、人間の心の実相《じっそう》を、真言が説く最高の悟りへの垂直な上昇の軸として示しました。心の上昇によって、人は最高の一切智《いっさいち》を獲得することができるというのです。それを次の一〇段階で示したわけです。

まず第一段階は、「異生羝羊心《いしょうていようしん》」といって、善悪を知らない迷心《めいしん》や妄執《もうしゅう》を指します。いわば煩悩《ぼんのう》にまみれた状態です。

第二段階は、「愚童持斎心《ぐどうじさいしん》」といって、善に赴く前兆です。道徳心の芽生える段階といっていいでしょう。

第三段階は、「嬰童無畏心《ようどうむいしん》」といって、仏教以外の宗教によって安寧を得ている心です。ここでようやく宗教心が芽生えます。

第四段階は、「唯蘊無我心《ゆいうんむがしん》」といって、仏の教えを聞くことによって声聞乗《しょうもんじょう》の教えを修行した人の心です。具体的には小乗《しょうじょう》仏教の段階です。

第五段階は、「抜業因種心《ばつごういんじゅしん》」といって、縁覚乗《えんがくじょう》を修行した人の心です。これは自分で悟りを目指すものですが、それでもまだ小乗仏教の段階です。

第六段階は、「他縁大乗心《たえんだいじょうしん》」といって、大乗の利他《りた》を行とする法相宗《ほっそうしゅう》の人の心です。ここでようやく利他的な大乗《だいじょう》に近い仏教の段階に至ります。

第七段階は、「覚心不生心《かくしんふしょうしん》」といって、三論宗《さんろんしゅう》の修行をする人の心です。三論宗とは、一切は空であると説く立場で、これによってすべてが平等になります。

第八段階は、「一道無為心《いちどうむいしん》」あるいは「如実一道心《にょじついちどうしん》」といって、天台宗の修行をする人の心です。本格的な大乗の段階に至ったわけです。

第九段階は、「極無自性心《ごくむじしょうしん》」といって、華厳宗《けごんしゅう》の修行をする人の心です。顕教の最高の境地といっていいでしょう。

最終の第一〇段階は、「秘密荘厳心《ひみつしょうごんしん》」といって、密教の心です。この最終段階において人は自分の中にある悟りに気づくといいます。

したがって、第一段階から第三段階までは仏教以外の段階、第四段階から第九段階までは仏教のうちの顕教の段階、そして第一〇段階のみが仏教のうちの密教の段階ということになります。つまりこの本は、生まれた時点では人間は善悪もわからない迷える段階にあることを指摘し、そのうえで心を磨いて修行することによって、苦しみから抜け出す光が見えてくることを説いているのです。その際、三密修行をはじめとした密教の修行こそが、仏教の中で最も優れていることを示している点がポイントです。

このように、日本独自の仏教を創造することに心血を注いだ空海ですが、その生きざまは決して純粋な思想家のそれではありませんでした。すでに紹介したとおり、空海はSDGsの先駆けといってもいいほど多くの社会事業に積極的にかかわり、世の中をよくしようと行動してきました。そのため、時にその姿は矛盾したものとしてとらえられたり、純粋な修行者《しゅぎょうしゃ》ではないかのような見方をされることもあったのですが、それこそが空海の空海たるゆえんなのだと思います。

そんな彼の人生を密教の曼荼羅《まんだら》に喩《たと》える人もいます。曼荼羅とはこの宇宙の縮図であり、そこでは多くの矛盾がひしめき合うことで一つの調和を生ぜしめています。空海の思想や生きざまそのものが、部分的に見れば矛盾とも不純ともとれる様相を示すわけですが、しかしそれは全体として見ると壮大な宇宙として見事な調和を構成している……。

仏教徒《ぶっきょうと》であるか否かにかかわらず、私たちが空海に惹きつけられるのは、彼が紡ぎ出すそんな壮大な宇宙の叙事詩に酔いしれたいからではないでしょうか。そして自分もまた、空海のように新しい世界を創造したいと願うからではないでしょうか。

思想のポイント

心の上昇によって、人は最高の一切智を獲得することができる！

思想の活かし方

空海の思想から、新しい世界を創るための思考法を学ぼう！

農業を重視した忘れられた思想家

安藤昌益《あんどうしょうえき》

(1703-1762)

その直耕の者は、
己れが直耕の余分を
その賢才・教化の者に
与い施して、
愚不肖なり。
これ愚不肖なれども、
転道を行なうなり。

『自然真営道《しぜんしんえいどう》』

農業から社会を考えるための思考法

安藤昌益《あんどうしょうえき》は、自然とは何か、働くとはどういうことか、生きる意味とは何かと問いかけました。いわば人間にとって根源的な問題を正面から扱った思想家です。しかし、封建社会を徹底的に批判したために、その思想は長らく封印されていました。それが、戦後になってから、E・H・ノーマン著『忘れられた思想家』によって再発見されたのです。

昌益は、農民を「直耕《ちょっこう》の天子《てんし》」、つまり農耕に勤《いそ》しむ天子として尊重していました。そこで、誰もが稲作農耕に従事する無差別平等の社会を「自然《しぜん》の世《よ》」、武士が支配する封建社会を「法《ほう》の世《よ》」ととらえて、「自然の世」を理想とする「万人直耕《ばんにんちょっこう》」の思想を説いたのです。

また、そうした理想を実現するためにも、すべてのものは相互に補い合う平等な関係にある（互性《ごせい》）という前提を掲げ、自然と人間とは一体となって有機的運動をしているとして、あらゆる上下の尊卑や男女差別を批判しました。

まったく儒学隆盛の封建社会に生まれた思想とは思えないような内容です。それだけ安藤昌益が独創的であったということでしょう。ここではそんな昌益の生涯を振り返りつつ、彼の進歩的な思想についてみていきたいと思います。

昌益は一七〇三年、おそらく東北地方に生を受けたとされています。彼の六〇年にわたる人生の最初の三分の二ほどはまったく不明なのですが、町医者として開業していたのはたしかなようです。そして一七四四年、四二歳の時、今の青森県の八戸《はちのへ》に移り住み、その地で教えを説きます。その縁もあって、一九九二年には、八戸で安藤昌益の没後二三〇年、生誕二九〇年を記念した国際シンポジウムが大々的に開催されています。

この八戸の地で、農民たちの厳しい現実を目の当たりにし、昌益は主著『自然真営道《しぜんしんえいどう》』を著すに至ります。これが執筆の動機であったことは、序文に「転下妄失の病苦、非命にして死せる者のために、神を投じて以て自然の真営道を見す」とある通りです。つまり、天下の妄失によって病気に苦しみ、不慮の災難によって死んでいった人たちのために、魂を傾けて真実を明らかにすると宣言しているのです。

昌益はこの魂を傾けた本の後編を執筆していたのですが、その内容は精緻《せいち》化されるごとに当時の体制にとって過激なものとなり、結局出版を断念せざるを得なくなります。そのような事情もあって、昌益はやがて信頼できる仲間たちと世直しのための思想を構築すべく、「転真敬会《てんしんけいかい》」という名の秘密結社を結成するに至ります。

秘密結社として活動せざるを得なかった昌益の思想は、当然厳しい取り締まりの対象になっていきました。そのことを恐れて、昌益の思想がしたためられた草稿は、弟子の手によってこっそりと江戸《えど》に運び出され、封印されます。これが昌益が「忘れられた思想家」になってしまった大きな原因です。

その後昌益は、自らと門人たちの身の危険を感じ、独り秋田県の大館《おおだて》に移り住みます。そこで文字通り思想を実践すべく、直耕に勤しむ晩年を過ごしました。

日本の近世において、封建的な社会に疑問を持ち、その圧力と戦いながら葛藤《かっとう》を続けた思想家がいたという事実には注意が必要です。おそらくそうした思想のダイナミズムこそが、可視化されない部分での江戸期の活力源になっていたことは間違いないでしょう。その意味で、忘れられた思想家安藤昌益は、決して忘れられてはいけないのです。

それでは次に、昌益の思想の特徴的な部分を確認していきたいと思います。昌益の思想の特徴が、当時の主流であった儒学への批判にあったのは明らかです。だからこそ儒学を公認の学問にしていた江戸幕府に目をつけられたわけです。彼がまず批判の俎上《そじょう》に載せたのは、儒学者たちが用いる言葉でした。

昌益は、同時代の儒学者、荻生徂徠《おぎゅうそらい》が打ち立てた古文辞学《こぶんじがく》のような文字中心の研究に対抗するかのごとく、音韻《おんいん》を重視しました。思想が既存の文字に制限されるのは、生きた人間の現実から遠ざかることを意味するからです。これは昌益の自然を重んじる思想に根差したものです。人間は自然界に呼応するために身体を使って肉声を発する生き物なのです。

そしてその声を記号としてとらえます。動植物の声を含め、すべての自然の音を記号化し、解読することができるのが人間なのです。そうした日本語へのこだわりは、中国の思想に傾斜する荻生徂徠などの儒学の流れを批判し、ナショナリズムの様相を帯びてきます。

だからといって、国学者の本居宣長《もとおりのりなが》のように「やまとことば」に回帰しようという戦略は取りませんでした。むしろ昌益は、「和訓《わくん》の真音」、つまり方言を含む同時代の日常語の音に着目したのです。そして漢字に独自の読み方をふっていったのです。これによって、「転定」を「てんち」と読ませて天地を意味するなど、彼の斬新《ざんしん》ともいえる諸概念が誕生したわけです。もちろんこれは単なる当て字ではなく、天は常に回転し、地は動かず固定しているからだという確固とした理屈がありました。

この言葉へのこだわりの目的は、不自然な社会を改革するためでもありました。昌益は人間、とりわけ人間の身体が自然を誤った形でとらえ、それを誤った形の言葉にしてばらまいていると非難します。だからその誤った言葉を正す必要があるというわけです。身体が媒介となって、自然と言葉をつないでいるというイメージです。

このように、昌益が人間の身体のもつ役割に着目するのは、医者を本業としていたからに違いありません。彼は身体が自分自身、そして社会に及ぼす影響をよく自覚していたのです。昌益の言葉へのこだわりと、身体への着目は、やがて一つの思想体系へと結実していきます。それこそが、「自然の世」に基づく「万人直耕」という画期的な平等社会だったのです。昌益の重視する直耕という概念は、もちろん農業の営みを指すわけですが、単純に人が田を耕すという意味でもないのです。

『自然真営道』に「一歳は即ち五行自り然る転定の直耕にして真営の道なり」とあるように、それは自然の真の営みであり、自然による営為にほかなりません。その自然の大いなる営為の中に、人間も加わっているというふうにとらえるとわかりやすいのではないでしょうか。

これはまったく事実であって、人間にできるのは、自然の摂理に合わせることだけです。昌益が自然を正しくとらえるべきだというのは、こういうことなのです。

昌益は宇宙も自然界も、皆同じ「活真《かっしん》」というエネルギーの根源から発しているものとしてとらえていました。「真」だとか「土《ど》活真」と呼ばれることもあります。昌益の自然哲学は、こうした壮大な原理のもとに構築されていた点に注意が必要です。

さらに昌益は、この自然直耕ともいうべき直耕の概念に加え、人間直耕という概念を組み合わせます。人間直耕というのは、文字通り人間が労働として農業に従事することなのですが、それが自然直耕とセットになってはじめて、直耕がこの地球の循環システムとして意味を持つと考えるのです。

このことをスローガンとして表したのが、「転人一和」です。直耕によって転すなわち天と人とが一体となるという意味です。これは明らかに天を上位に位置づける儒学の伝統思想、「天人合一《てんじんごういつ》」に対抗して掲げられたものだといえます。

ここには、昌益が抱いていた不平等に対する憤りと、その片棒を担いでいるとも思《おぼ》しき儒学者たちへの不満が垣間見《かいまみ》えます。実際、昌益は、『自然真営道』の中で次のように書いています。

その直耕の者は、己れが直耕の余分をその賢才・教化の者に与い施して、愚不肖なり。これ愚不肖なれども、転道を行なうなり。その賢民は口才・弁知なれども、己れは耕さずして人の直耕の余分を貪り食うなり。

つまり、直耕する農民は、口だけの偉そうにしている者たちに施すことになる。その場合、彼らは農民ではあるけれども、天の道を行っている。口だけの偉そうにしている者たちは、自分では耕すことなく、人の耕したものを貪《むさぼ》っているだけであるという意味です。「不耕貪《ふこうどん》食《しょく》」という言葉で表現される思想です。

だから昌益は、ただ人の物を貪ろうとする私的な欲を否定しようとしたのです。面白いのは、それが公的なものへの批判を含む点です。昌益にとっては、公的なものも私的な欲と変わらず問題をはらんでいます。その典型が法です。法は権力者が人々を悪と決めつける穢《けが》れた存在なのです。それは武士が支配する封建社会の否定を意味していました。昌益はそんな否定すべき世界を「法の世」と呼び、誰もが稲作農耕に従事する無差別平等の社会を「自然の世」と呼んだわけです。

「自然の世」では、あらゆるものが相互に補い合う平等な関係にあります。昌益はこれを「互性」と呼びます。そうしてはじめて、「与うることをして、取ることをしない」理想的な「自然の世」が可能になるのです。

「自然の世」とは、「法の世」が誕生する前の世の中の本来の姿であり、また同時に未来の理想社会でもありました。とはいえ、昌益は決して浮世離れした思想を掲げたわけではありません。むしろそれは現実的な社会思想であったといっていいでしょう。その証拠に、昌益が理想とする自然の世のモデルは、現実のアイヌやオランダにあったようですから。

以上見てきたように、昌益の思想は、医学の知識をベースに身体に着目しつつ、一方でそれによって主に労働という手段で自然とかかわろうとする自然哲学《しぜんてつがく》、他方でそれによって言葉を正し、封建的社会を変えていこうとする社会思想によって構築されていました。その到達点こそが、「自然の世」にほかならなかったのです。

農業に人間の生きる本質を見出《みいだ》そうとする昌益の思想は、現代社会の私たちにはピンとこないかもしれません。しかし、日本においては今なお農業が重要な産業であるといえます。食料自給率を上げるためにも、また地方の活性化のためにも、農業から社会を考えるのは重要な視点であるといえます。その意味で、昌益の思想を農業から日本社会を見直すためのきっかけにしてみてはいかがでしょうか。

思想のポイント

すべてのものは相互に補い合う平等な関係にある!

思想の活かし方

安藤昌益の思想から、農業によって社会を見直すための思考法を学ぼう!

日本的働き方改革のお手本

二《にの》宮《みや》尊《そん》徳《とく》

(1787–1856)

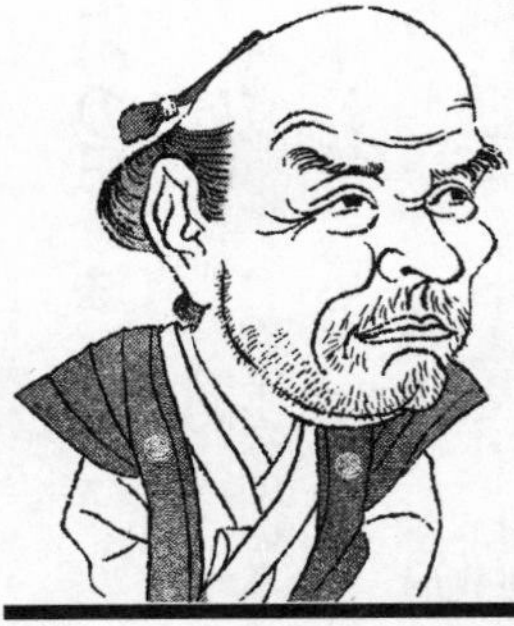

天に従ふを自然と為す、
之を名づけて天道といふ、
人を以て作事となす、
之を名づけて人道といふ

庶民が成功するための思考法

江戸時代の農政家、二宮尊徳《にのみやそんとく》は、二宮金次郎《きんじろう》の名でも知られています。貧しい家庭に育ちながらも、働きながら勉学に勤しむ姿は、日本における勤勉のモデルとなりました。小田原《おだわら》藩などで農村復興を成功させて名声を得ると、幕府にも重用されます。

彼の思想は報徳《ほうとく》思想といって、文字通り徳《とく》をもって恩《おん》に報いるべきことの大切さを説くものです。そしてその具体的実践として、自分の経済力に応じた合理的な生活設計を立てるという「分度《ぶんど》」と、倹約して生じた余裕を蓄えるという「推譲《すいじょう》」を求めます。これは日本的倹約のモデルとして、アメリカをはじめ海外の研究者も注目しているほどです。

こうした働き方ができれば、真にバランスの取れた人間らしい日常が送れるのだと思います。その意味で、尊徳の思想は本来日本における働き方改革のお手本であったといえます。また彼は、農業について、自然の営みとしての天道《てんどう》と、人間の働きである人道《じんどう》との両者によってはじめて成り立つものだとして、天道への感謝と人道をまっとうすることを説いてもいます。

こうした尊徳の思想に影響を受けた人たちは、報徳運動を起こし、明治以降にも大きな影響を及ぼしました。その思想は、弟子たちの手になる『二宮翁夜話《にのみやおうやわ》』によって知ることができます。ここではそんな日本中が尊敬する二宮尊徳の生涯を振り返りつつ、彼の思想に迫ってみたいと思います。

二宮尊徳こと金次郎は、一七八七年、現在の小田原市で農民の子として生を受けました。幼少期は比較的裕福だったようです。しかし、金次郎が五歳の時に小田原を襲った暴風雨災害が原因で、一気に貧困に陥ってしまいます。金次郎は大の読書好きだったのですが、病気の父に代わって堤防工事に出かけたり、子守をしたりして家計を助けました。

そこに追い打ちをかけるように、一四歳の時、父を亡くし、続いて一六歳の時に母も亡くしてしまいます。弟たちと生き別れ、叔父《おじ》の家に引き取られた少年金次郎は、一生懸命働かざるを得ない境遇に置かれてしまったのです。彼は早朝から暗くなるまで、農民として過酷なまでに働きつつ、それでも本を読み続けたといいます。薪《まき》を担いで歩きながら本を読むあの二宮金次郎の銅像のイメージはここから来ているのでしょう。

彼がそこまで読書にこだわったのは、きっとそこに自分と社会を変えるためのヒントが書かれているはずだと信じていたからでしょう。そしてその信念のもと、持ち前の勤勉さで努力を続け、二六歳の時に念願だった二宮家の再興を果たします。また、小田原藩の家老であった服部《はっとり》家にも出仕し始めます。そこで学問を続けつつ、自らのアイデアを実践することで農地改革を実践していったのです。さらに、緊縮財政の徹底によって藩の財政立て直しにも成功します。

藩主にその腕を見込まれた金次郎は、領内の農地を次々と再興させ、やがてその名声は全国にまで広がります。おりしも時は水野忠邦《みずのただくに》の天保《てんぽう》の改革が始まったころです。ついに金次郎に幕府から声がかかります。貧しい農民にすぎなかった金次郎は、こうして五六歳にして幕府の役人にまでのし上がりました。その後は政治の厚い壁にぶつかりつつも、いくつかの大きな農政改革を成し遂げ、最後まで庶民のための思想の構築とその実践を繰り返したのです。

この彼の人生を見てもわかるように、金次郎、つまり二宮尊徳という思想家は、決して学者ではありませんでした。独学で本は読んでいましたが、むしろそれ以上に、自らが百姓として体を使って経験したことを理論化していったという見方のほうが正しいでしょう。ここが庶民の思想たるゆえんです。

現に尊徳は学者を嫌っていたといいます。なぜなら、人の考えをいかにも自分が思いついたかのように話すからだそうです。おそらく、農民出身であった当時の尊徳は、学者に手柄を奪われ、何度もそのような悔しい経験をしたのだと思います。

でも、今を生きる私たちは、彼がいかに偉大な思想家であったかを知っています。次にその偉大な思想の一端を見ていきたいと思います。

尊徳が農民としての自らの経験に基づいて思想を構築したであろうことは、彼の天道と人道の思想を見ればよくわかります。当時支配的だった朱子学《しゅしがく》の自然観からすれば、天が示す法則としての天道と、人が行うべきこととしての人道は、同じものと考えられていました。だからこそ、人道が天道に背くなどという発想はあり得なかったわけです。

ところが尊徳は、「天に従ふを自然と為す、之を名づけて天道といふ、人を以て作事となす、之を名づけて人道といふ」というふうに、両者をまったく別のものとして区別します。このようなことは、実際に自然と対峙《たいじ》しながら農業に勤しんできた者だからこそ、自信をもっていえることなのです。

ここで彼が強調したかったのは、人間は天に従うだけではなく、自ら社会を作っていくことができるということです。天に従っているだけなら、稲も雑草も同じになってしまう。稲を善に、雑草を悪にすることができるのは人間の道だけだということです。土地を開墾し、目の前の社会をまさに自らの手で作ってきた尊徳には、そうした人間の力への揺るぎない信頼があったに違いありません。なにしろ自分が実践してきたことなのですから。

忘れられた思想家、安藤昌益も「直耕」の概念のもと農業思想を説いていたわけですが、不思議と尊徳の思想に説得力を感じるのは、彼が実務家出身だからではないでしょうか。学問の視点で農業を見ていた昌益は、たしかに高度な思想を構築することに成功しました。ただ、尊徳の言葉が持つ説得性にはどうしてもかなわない部分があるように思うのです。

その尊徳の社会実践がもっとも反映されている思想が、かの報徳思想です。田の生産力を意味する天地の徳や、親や祖先の徳などを自覚し、自己の徳によってそれに報いるのが人の道であるとする考えです。尊徳の死後も報徳運動として続けられている実践道徳でもあります。尊徳は、これに基づいて、分度と推譲を説きました。分度とは倹約のことで、推譲とは貯蓄のことです。

具体的には、分度は収入の枠内で一定の余剰を残しつつ、支出を図る生活を営むという思想です。この余剰のおかげで、明日のことを憂うることなく安心して生活を営むことが可能になるのです。

これに対して推譲は、分度を実践する中から生み出された余剰の一部を、人のために拠出することです。これを資金として、相互扶助が可能になるのです。ですから貯蓄といっても、自分のためのものではないのです。

これらの概念をきちんと理解するためには、彼の説いた「勤《きん》・倹《けん》・譲《じょう》」の三つについて見ておく必要があるでしょう。勤とはいうまでもなく勤勉のことです。大切なのは、ここで尊徳が小事、つまり日々の些細《ささい》なことを重視している点です。コツコツと小さなことを積み重ねることで、ようやく大きなことを成し遂げることができるというわけです。勤勉の本質はそこにあるのです。

それは日々の少しずつの倹約にもつながる話です。尊徳が説く倹とは、もちろん倹約のことなのですが、これはよく誤解されるようにケチということではありません。そうではなくて、いざというときへの備えなのです。人生は何が起こるかわかりません。いざというときにきちんと対応するためには、蓄えが必要なのです。

自然災害に悩まされてきた尊徳らしい発想です。しかも、それが人間が人間として最後まで立派であるための条件だというのです。たしかにいくら栄華を誇っていても、危機に対応することができずに落ちぶれてしまう人はみじめなものです。それまで築き上げてきたすべてが崩れてしまうのですから。

だからといって、落ちぶれてしまったのは自業自得だとして、見捨てていいものではありません。尊徳が譲を説くのはそうした理由からです。人に譲ることも大事なのです。これが推譲にほかなりません。彼は、譲ることができるのは人間だけだといいます。人間だけが個人を越えて社会のために貢献することができるのです。

では、なぜ人間は他者に譲り、社会に貢献しなければならないのか。その答えは、尊徳の掲げる究極の理想ともいっていい「一円融合《いちえんゆうごう》」の概念にあるように思います。この一円融合とは、あたかも人間を一つの円の中に融合した一体のものであるかのようにとらえるという発想です。個々人は決して対立しあうものではなく、むしろ一体のものなのです。

だからこそ本来は、上下の支配関係も必要なければ、差別も必要ないのです。農民出身の尊徳がユニークであり、かつ現実的なのは、その円の中心に田徳、つまり田畑からの収穫を据えていることです。皆が一体となって幸福を目指すためには、その中心に生きるための糧が確保されていなければならないということです。譲り合うにしても、肝心の譲れるものがなければ意味がありませんから。

とはいえ、それも無制限にやれるわけではありませんし、そこまで求めるのは現実的ではないでしょう。それでは当時の厳しい年貢の取り立てと一緒になってしまいます。ほかでもない尊徳自身が、そうした年貢のあり方に疑問を抱いていたのですから、そのようなことを説くはずがありません。

そこで尊徳は、推譲が現実的なものとして機能するように、一定の枠を設定したのです。それが分度だったわけです。あくまで余剰を拠出するのが正しい社会貢献のあり方でしょう。そのことは、現代の私たちにとっても大きな意義を持っています。今の社会では公共性にどれだけコミットすればいいのか不明確になっているからです。

昔なら滅私《めっし》奉公《ほうこう》のような自己犠牲を伴う貢献がよしとされたのかもしれませんが、それはもう通用しません。その点で、尊徳のいう分度と推譲の思想は、現代社会の公共哲学にとっても傾聴に値する概念であるということができると思います。

以上のような庶民のための思想に基づき、尊徳は実際に江戸期の農村社会の復興に尽力してきました。そしてその思想は、明治以降もこの国の農村運動に大きな影響を与え続けてきたといえます。いや、日本だけではありません。

たとえば、アメリカの歴史学者シェルドン・ガロンは、現代アメリカの消費社会を戒めるためにこの報徳思想に倣うべきだと論じています。アメリカの学者が、江戸時代の庶民の思想に学べといっているのも誇らしいことですが、これは決して他人事ではないのです。アメリカだけでなく、消費社会化した現代日本の私たちも、常に尊徳の教えを肝に銘じておく必要があるように思えてなりません。

庶民が成功するためには、一獲千金を狙うのが正しいわけではないのです。尊徳の思想に従うなら、むしろ私たちは倹約と貯蓄こそに力を入れるべきなのです。尊徳自身がそれによって大地主となり、社会的にも大成功を収めたのですから、間違いないでしょう。これこそ今の日本に求められる本当の働き方改革であるように思えてなりません。お手本はほかでもない日本にあったのです。

思想のポイント

人間は天に従うだけではなく、自ら社会を作っていくことができる！

思想の活かし方

二宮尊徳の思想から、庶民が成功するための思考法を学ぼう！

自然を説いた日本倫理学の父

和《わ》辻《つじ》哲《てつ》郎《ろう》

(1889-1960)

人間の第一の規定は
個人にして社会であること、
すなわち「間柄」における
人であることである。
従ってその特殊な存在の仕方
はまずこの間柄、
従って共同態の作り方に
現われてくる。

『風土』

自然と人間存在の関係を考えるための思考法

和辻哲郎《わつじてつろう》は和辻倫理学《りんりがく》とも呼ばれる日本の倫理学の父といっていいでしょう。彼は京都帝国大学で西田幾多郎《にしだきたろう》の同僚であったことがあるため、京都学派《きょうとがくは》の哲学者と思われがちですが、厳密にいうと京都学派に属していたわけではありません。ただ、西田に招かれ京都帝大に赴任し、西田らの傍らで彼らと交流しつつ思索を重ねただけです。

和辻哲郎は、文化から政治経済に至るまで幅広い範囲で思索を行っていますが、やはり日本倫理学の父ですから、主著の一つである『倫理学』と、彼の著作の中でおそらく最も有名な『風土』を中心に見ていきたいと思います。その前に、簡単に和辻哲郎の生涯について振り返っておきましょう。

和辻は、一八八九年、姫路《ひめじ》の農村で、医師の次男として生を受けます。自らは農業に直接かかわることはなかったものの、農村で育った彼の目には、それが日本の原風景として焼き付いたに違いありません。後に共同体における人と人との密接な関係性や、風土が人に及ぼす影響について論じるようになるのも、こうした経験があったからでしょう。

やがて和辻は東京帝国大学に進学して哲学を学んだ後、弱冠二四歳にして『ニイチェ研究』を出版します。そうして順調にキャリアを積み上げ、三六歳の時に西田幾多郎に招かれ、京都帝国大学の講師として赴任するのです。京大にいる間、和辻はドイツ留学も経験します。船旅だったので、このとき様々な国を訪問したようです。この経験が和辻をして、日本思想の特徴を際立たせる方向へと向かわせたのはいうまでもありません。

京都での一〇年ほどの生活を経て、和辻は東京帝国大学文学部に異動し、そこで日本特有の倫理学の構築に勤しみます。ここで和辻倫理学が完成をみることになるのです。またそれ以外にも、和辻は日本文化に造詣《ぞうけい》が深く、『古寺巡礼《こじじゅんれい》』をはじめとした多くの日本文化に関するエッセーを残しています。さらに日本語という言語にも食指が動き、論文「日本語と哲学の問題」では、日本語で哲学をすることの意義を訴えました。このように和辻は、どこまでも日本的なものの意義にこだわった哲学者であったといえます。

そんな和辻の思想については、最も代表的な仕事である『倫理学』を見るとよくわかるでしょう。ところで、倫理とはどういう意味か。和辻もそこから議論を始めます。最初に和辻が強調しているのは、それは決して個人の意識ではないということです。そのような発想は、近世の個人主義《こじんしゅぎ》的人間観に基づく誤謬《ごびゅう》だといいます。

そうではなくて、「倫理は人間の共同存在をそれとしてあらしめるところの秩序、道」にほかならないというわけです。こうした理解のもと、「間柄《あいだがら》」の概念を中心に据えることになるのです。間柄とは、「個人にして社会であること」、単純にいうと人間関係のことを指します。『倫理学』に書かれた彼の表現を見てみましょう。

一は間柄が個々の人々の『間』『仲』において形成せられるということである。この方面からは、間柄に先立ってそれを形成する個々の成員がなくてはならぬ。他は間柄を作る個々の成員が間柄からその成員として限定せられるということである。この方面から見れば、個々の成員に先立ってそれを規定する間柄がなくてはならない。

ここからもわかるように、個々の人間がいるから間柄が成立すると同時に、間柄があるからこそ個々の人間が成立しうるという二重の関係があると和辻は考えるのです。人は事実として他者との関係性の中で生きています。だからこそ和辻は、間柄に注目するわけです。ところで、震災などが起こると、日本人はよく助け合います。海外からはこの連帯が高く評価されます。こうした日本人の連帯の背景に、和辻のいう間柄があるのではないでしょうか。

間柄が個人に先立つことによって、お互いに助け合うのが当然のこととなるのです。ただ、誰とでも助け合うわけではありません。やはりそこには信頼が必要なのです。同じ共同体の仲間として信頼し合えるから助け合うのだといっていいでしょう。面白いのは、その信頼の根拠として和辻が時間の概念を持ち出している点です。

信頼の現象は単に他を信ずるというだけではない。自他の関係における不定の未来に対してあらかじめ決定的態度を取ることである。かかることの可能であるゆえんは、人間存在において我々の背負っている過去が同時に我々の目指して行く未来であるからにほかならない。

つまり、過去の信頼があるからこそ、未来においても信頼できるということです。したがって、人から信頼を得るためには実績が必要なのです。それは共同体の中で長い時間をかけて、共通の体験を経ることによってようやく育《はぐく》まれるものであるといえます。

そしてまたその共通の体験が、風土を生み出します。日本には日本の風土があるというのは、日本人が共通の体験をしてきたということの言い換えでもあるのです。和辻哲郎の『風土』は、まさにそんな共通体験としての風土について論じた本です。

風土といえば自然環境を思い浮かべる人が多いかと思いますが、ここで和辻が論じているのは、もっと広い意味での自然です。しかも、その自然が人間に対して影響を及ぼすといった単純な話ではなく、むしろ人間はいかにして自己了解していくのか、その仕方について論じているのです。

したがって、和辻が自然を説いたことは間違いありませんが、あくまでそれは人間存在の構造の契機として位置づけられている点に注意が必要です。むしろだからこそ、その慧眼《けいがん》は、現代の環境問題やSDGsといった人間存在の条件としての自然に関する議論につながってくるものだといっていいでしょう。

こうして風土という視点から、日本人の存在の構造、つまり日本人のメンタリティの特徴及びその原因が明確にされます。なぜ日本人はこのような性格なのか？　和辻は世界の風土をモンスーン型《がた》、砂漠型《さばくがた》、牧場型《ぼくじょうがた》の三つに分類します。

モンスーン型とは、東アジアや東南アジアに典型的な風土です。モンスーンと呼ばれる季節風の影響で、植物の生育に適した高温多湿な環境をもたらします。そのおかげで人々は農耕を営んで生活します。反面、洪水や台風など自然が猛威をふるうこともあり、自然に対して受容的あるいは忍従的な性格が形成されます。

砂漠型とは、西アジアや内陸アジア、アフリカに典型的な風土です。乾燥した砂漠の厳しい環境を前に、人々は放牧生活を送りながら、必死に抵抗しようとします。そこから自然や他の部族と闘う戦闘的な性格が形成されていくのです。

牧場型とは、ヨーロッパに典型的な風土です。規則的に乾燥と湿潤が繰り返されるため、人々はそれに合わせて農耕や牧畜を営むことができます。いわば自然は合理的、計画的に支配されているわけです。こうして合理的思考を行う性格が形成されます。

ここで日本はモンスーン型に位置づけられます。だから、受容的あるいは忍従的な性格だというのです。これはまた連帯に不可欠の要素であるともいえます。人と助け合いながらやっていくためには、相手を受け入れることが必要ですし、また忍従的でなければなりません。連帯とは、自分を抑えてはじめて成り立つものなのです。

この風土によって育まれた日本人の性格が、日本的な連帯を可能にする共同体を形づくっているわけです。『風土』の中で、日本人の特殊な存在の仕方について論じた後、和辻は次のように結論付けます。

人間の第一の規定は個人にして社会であること、すなわち「間柄」における人であることである。従ってその特殊な存在の仕方はまずこの間柄、従って共同態の作り方に現われてくる。

つまり、モンスーン型の風土が育む日本人の特殊な性格が、間柄の社会をつくっているということです。かくして和辻の『倫理学』と『風土』は「間柄」の概念によって結び付けられます。言い換えると、世界が称賛する日本の連帯は、日本が置かれた風土の特殊性の賜物《たまもの》にほかならないのです。

しかしそうすると、風土の異なる他の共同体の成員同士は、決して連帯できないようにも思えてきます。はたしてそうなのでしょうか。ここで和辻は、「旅行者の体験における弁証法」という概念について論じています。砂漠を旅行した人間を例に挙げ、「人間の自覚は通例他を通ることによって実現される」というのです。つまり、文化の自己認識は、異文化体験を媒介とすることによってはじめて成り立つということです。

しかも、この弁証法《べんしょうほう》は、旅行者個人だけでなく、共同体における文化そのものにも影響を与えるといいます。なぜなら、当然旅行者は何らかの形でその地の文化に影響を与えるものですし、また同時に自らが受けた影響を他の地に広めるものだからです。

一つの共同体から生まれた文化が、異国の共同体の文化とぶつかり合い、融合していく。また自らも影響を受け変化する。そんなあり方を、和辻は「世界文化の構造連関の弁証法」と呼んでいます。風土の違いが文化や性格の違いを生み出すけれども、だからといってそれは決して乗り越えられないものではないということです。その意味で、『風土』は異なる共同体間の連帯にも接続する可能性を秘めているのです。

最後に、先ほど触れた和辻の論文「日本語と哲学の問題」について少し考察しておきたいと思います。この論文の中で和辻は、日本には和歌などの抒情的《じょじょうてき》なものを表現した作品は多く存在するけれども、哲学のような論理的な概念を扱った「論理的な思索」は存在しないと断言しています。それは常に外から教えられてきたというのです。和辻によると、その背景には、日本語という特殊な言語そのものが抱える問題が横たわっているのです。だからといって、今後も日本語で哲学することが不可能であるとはいいません。むしろ最後には、「日本語をもって思索する哲学者よ、生まれいでよ」と呼びかけているくらいですから。

しかし、私は二つの意味において和辻は謙虚すぎたのではないかと感じています。一つ目は、和歌のような抒情的な作品も、自信をもって哲学とみなしていいのではないかという点です。たしかに、西洋の理性を重視した哲学とは異なるかもしれませんが、感性をより重視した哲学だとすれば、それはもう一つの哲学だといえるように思うからです。

二つ目は、ほかでもない和辻自身が、すでに日本語で哲学を始めた先駆者の一人ではなかったかという点です。仮に和辻のいうように、哲学とは理性によって概念について論理的に考察するものだとしても、和辻はそれを見事に日本語を使ってやってのけています。したがって、本人がどういおうと、和辻の哲学はすでに日本の良さを世界に開くための役割を十分に果たしているといっていいのではないでしょうか。

思想のポイント

倫理とは、人間の共同存在をそれとしてあらしめるところの秩序である！

思想の活かし方

和辻哲郎の思想から、人間存在との関係で自然をとらえるための思考法を学ぼう！

生活の中に眠る持続可能性の発見者

柳田《やなぎた》國《くに》男《お》

(1875–1962)

国内の山村にして
遠野よりさらに
物深き所には
また無数の山神山人の
伝説あるべし。
願わくはこれを語りて
平地人を戦慄せしめよ。

『遠野物語《とおのものがたり》』

過去から今を考えるための思考

柳田國男《やなぎたくにお》は民俗学の創始者として知られています。とりわけ戦前から一九六〇年前後までは、民俗学といえば、柳田の確立した学問のことを指していました。民俗学とは、社会や文化、歴史の中における伝承及び慣習について研究する学問のことです。柳田は、誰も目に留めなかった山村の生活に、日本の歴史、いや日本の本質を見出し、あたかも都市生活に象徴される文明へのアンチテーゼであるかのようにそれを人々に提示しました。つまり柳田は、生活の中に眠る様々な知恵に、文明とは異なる持続可能性を見出したわけです。

その発見は、岩手県遠野《とおの》地方に伝わる逸話や伝承などを記した説話集『遠野物語《とおのものがたり》』の執筆を皮切りに、柳田民俗学の代名詞ともいうべき「常民《じょうみん》」概念の創出へと展開していきます。常民とは柳田独特の概念で、民間伝承を保持している無名の人々からなる階層のことです。

柳田は、口承や伝承の資料を集めるために日本全国を歩き回りました。そうして発見したのが常民だったのです。常民は英語の folk からきていますが、柳田によると、それは知識人に対抗する概念だといいます。むしろ常民こそが日本の歴史を支えてきたというわけです。

それにしても、いったいどうやって柳田は民俗学などという新しい学問を生み出すに至ったのか？　まずは彼の生涯を振り返ってみましょう。柳田國男は、一八七五年、今の兵庫県神崎《かんざき》郡福崎《ふくさき》町西田原《にしたわら》というところに、儒者として塾を営む家庭の六男として生を受けます。子どもの頃から好奇心旺盛《おうせい》で、多くの本を読んでいたようです。

東京帝国大学法科卒業後、農商務省に入り、仕事の関係で東北地方の農村の実態を調査するようになります。そうして次第に農村の伝承などに関心を持ち始めたのです。柳田の民俗学への関心を決定的なものにしたのは、一九〇八年に三か月にわたって九州各地を訪れたことと、岩手県遠野出身の文学青年佐々木喜善《ささききぜん》に出会い、彼から遠野の不思議な話を聞かされたことです。

特に、遠野には信仰的な意味を持った不思議な話が色々と残っていたため、柳田はそれに完全に魅了されてしまいました。その後、実際に遠野を訪れた柳田は、そこで見聞した話をまとめて『遠野物語』を発表します。

一九二〇年、官僚を辞した柳田は、全国各地の調査旅行を条件に、東京朝日新聞社に入り、論説を執筆するようになります。学者として歩み出した柳田は、学問としての民俗学を体系化していきます。その成果が『郷土生活の研究法』や『民間伝承論』でした。

一九二一年には、柳田はジュネーヴの国際連盟委任統治委員に就任し、渡欧します。以降、この経験が柳田の目を世界に開かせます。日本の民俗学は、意識的あるいは無意識的に世界との比較の中で発展を試みられることになったといっていいでしょう。

晩年の柳田は、沖縄の意義に関心を持ち、それを『海上の道《かいじょうのみち》』にまとめます。そしてこの本の刊行の翌年に、八七歳の生涯を閉じることになるのです。

さて、そんな柳田の思想については、やはり『遠野物語』から見ていくのがいいでしょう。この本の序文には、柳田が民俗学に惹かれ、それを世に問おうとした強い動機のようなものが謳《うた》われています。


思うに遠野郷にはこの類の物語なお数百件あるならん。我々はより多くを聞かんことを切望す。国内の山村にして遠野よりさらに物深き所にはまた無数の山神山人の伝説あるべし。願わくはこれを語りて平地人を戦慄せしめよ。


これはとても有名な箇所なのですが、それもそのはず誰もがこの一節を目にすれば、ぞくっとするに違いありません。なにしろ「平地人を戦慄せしめよ」というのですから。平地人に対置される山に住む人たちの生活が、それこそ驚きに満ちたものだといいたいわけです。

何より柳田自身が、その実態を知って戦慄《せんりつ》せしめられたのでしょう。

たしかに『遠野物語』には、驚かされるような不思議な話が満載で、しかもそれが事実を記録するかのように淡々と語られています。だから読んでいるほうは、文学なのか記録なのかわからなくなってくるのです。中身は文学のようでありながら、実態は記録だからです。これが民俗学のスタイルなのかもしれません。たとえば、次のような感じです。

家に帰りて見れば、縁側に小さき泥の足跡あまたありて、だんだんに座敷に入り、オクナイサマの神棚の所に止りてありしかば、さてはと思いてその扉を開き見れば、神像の腰より下は田の泥にまみれていませし由。

これは田植えを手伝ってくれた小僧が、実はオクナイサマという神様だったことが判明したという話です。というのも、小僧の足跡が神棚まで続いており、しかも神像の腰より下が泥まみれになっていたからです。あるいは次のような話もあります。

ザシキワラシまた女の児なることあり。同じ山口なる旧家にて山口孫左衛門という家には、童女の神二人いませりということを久しく言い伝えたりしが、ある年同じ村の何某という男、町より帰るとて留場の橋のほとりにて見慣れざる二人のよき娘に逢えり。

今度はザシキワラシの話です。ザシキワラシがいる家は栄え、逆にいなくなると廃れるといいます。この山口孫左衛門の家からはザシキワラシが出て行ったので、皆その後死んでしまい、家が廃れたというのです。

なんとも恐ろしい話ですが、先ほどのオクナイサマにしても、このザシキワラシにしても、まったく不合理な話ではありません。おそらく山の人々は、奇跡的に助かったり、やるせない不幸があった時などに、自分たちを納得させるためにこうした伝承を作っていったのでしょう。もっとも、これを語る人たちは、本気でそう思っていたのです。そうでないと意味がありません。

そしてより重要なことは、柳田がこれらの話を事実であるかのように忠実に記録している点です。彼の言葉を借りるなら、「一字一句をも加減せず感じたるまま」を書いているのです。そうやって柳田は民俗学という学問を確立していったわけです。では、柳田の目的はどこにあったのでしょうか。それが都市生活へのアンチテーゼであったということはすでに触れたとおりですが、そのアンチテーゼをどう生かそうとしたのか。

そこで参考になるのが、体系確立期に著された『郷土生活の研究法』です。ここでは民俗学が実践的に人々の役に立つものでなければならない旨が強調されています。

我々の学問は結局世のため人のためでなくてはならない。すなわち人間生活の未来を幸福に導くための現在の知識であり、現代の不思議を疑ってみて、それを解決させるために過去の知識を必要とするのである。すなわち人生の鏡に照してわが世の過去を明らかにせんとする、歴史の究極の目的は眼前にぶら下っているのである。

民俗学は世の中の役に立つもの、人間生活を幸福にするものでなければならない。そのために過去の知識を掘り返しているのだということです。そうでないとただの好事家の趣味の延長で終わってしまうからです。

もともと柳田は農商務省の官僚であり、若い頃から農政について講義をしたり、政策について考えたりしてきました。そうした農村問題への実務的関心が、常に柳田の頭の中にあったに違いありません。現に柳田は、時折農政についての書物も発表していますし、大学で講義をしたりもしています。そうした実践的視点が、彼の民俗学の背景にあることには注意が必要です。その問題意識がかなり具体的に示されているのが、次の一節です。

次にはその婚姻の障害に基づくと認められる離村問題、これが果して一つの原因を除くことによって、制止し得るものだろうかどうかということ、それよりもっと痛切なる

「何ゆえに農民は貧なりや」の根本問題である。以前はどうであったかをまず明らかにしなければ、いずれも勝手な断定ばかり下されそうな疑問であるが、郷土史の研究者たちは通例そんな厄介なものは自分たちの仕事のほかだと思っているらしい。

農村の問題に民俗学がどう役立つのか、かなり踏み込んで書かれています。特に、何事も過去にさかのぼって考えてみないと勝手な断定になってしまうという部分には説得力があります。

私もよく哲学をするために、どうして過去の哲学者や思想家のことを学ばないといけないのかと問われることがあります。過去にどう考えられてきたかを知っておかないと、これがベストだと思って生み出した考えも、すでに過去に同じことがいわれており、色々な問題点が指摘されていたなんてことがあり得るのです。だから過去の英知を前提として知っておく必要があるわけです。

私たちがすべきなのは、そうした巨人の肩に新たな知を積み重ねていくことなのです。これはまさに柳田がいわんとすることに通じるものだと思います。たしかに柳田は新たな学問としての民俗学を創始しましたが、それもまたある意味で過去の出来事に負っているのです。逆にいうと、柳田はその過去の出来事や伝承に敬意を払ったからこそ、民俗学という学問を築き上げることができたのだと思えてなりません。

思想のポイント

何事も過去にさかのぼって考えてみないと、勝手な断定になってしまう！

思想の活かし方

柳田國男の思想から、過去の出来事を参照し、今の課題を解決するための思考法を学ぼう！

第3章

戦争と平和のはざまで苦悩した思想家たち

戦の本質を追求し続けた永遠のサムライ

山本常朝《やまもとじょうちょう》

(1659-1719)

これが武道に丈夫なり、
毎朝毎夕、改めては死に死に、
常住死身になりて居る時は、
武道に自由を得、
一生落度なく、
家職を仕果すべきなり。

『葉隠《はがくれ》』

常にベストを尽くすための思考法

山本常朝《やまもとじょうちょう》は、武士道の書として有名な『葉隠《はがくれ》』の著者です。正確にいうと、『葉隠』は聞き書きの作品なので、山本常朝は口述したわけですが。武士道と聞くと新渡戸《にとべ》稲造《いなぞう》（１５１頁参照）のそれを想起される方も多いかと思います。でも、新渡戸の『武士道』は、本来の武士道ではありません。なぜなら、彼は江戸《えど》時代の武士を知らなかったのですから。したがって、その記述も想像に負うところが多くなっています。何しろ武士道という言葉は自分がつくったと思っていたくらいです。

これに対して、山本常朝の『葉隠』は、本物の武士だった人物が、太平の世にあえて本来の武士道を貫き通そうとした思想書だといえます。つまり常朝は、武士道という戦の本質を追求し続けた永遠のサムライだったのです。それは『葉隠』の中でもっとも知られている、「武士道と云ふは死ぬことと見つけたり」という一文によく表れています。

ここでは武士としての理想の精神を情熱的に語り尽くした山本常朝の思想について、『葉隠』を中心に、彼の生涯を振り返りつつ考察していきたいと思います。

常朝は、四二歳で出家したのですが、同じ漢字を使っているものの、出家前は「つねとも」、出家後は「じょうちょう」と読みます。彼は元佐賀藩士で、藩主鍋島光茂《なべしまみつしげ》の御側役《おそばやく》として藩に仕えていました。その経験を生かし、武士の奉公《ほうこう》の心得を著したのが『葉隠』でした。若いころ常朝は、ある禅僧に出会い、そこで仏教の修得に励みます。『葉隠』に仏教の影響を感じるのはそのためだといわれます。

実は、常朝が若いころ仏教に走ったのには理由があります。彼が生きた時代は、もうすでに太平の世になっており、戦をする心得としての本来の武士道はもはや不要になっていたのです。だからこそ余計に主君への思いが募ったのかもしれません。主君の死に際して、追腹《おいばら》、つまり殉死を願い出たにもかかわらず、もはやそれも認められない世になっていたのです。そこで殉死に代えて常朝は出家したのです。そして精神的に武士道を追求しようとしたわけです。その意味で常朝は、戦と平和のはざまで苦悩した思想家といえます。

かくして純化した武士道の精神は、死を美化する方向に向かいます。先ほどの「武士道と云ふは死ぬことと見つけたり」というのが典型です。むろん、ただ死ねばそれでいいというような簡単な話ではありません。死に至るまでの精神が大事なのです。つまり、死ぬか生きるかでは、腹を据えて死ぬほうを選べば、犬死をするということはないというわけです。

太平の世にありながらも、そこで説かれているのは、まるで戦場に赴く兵士のための教訓であるかのように聞こえます。いや、現実にはあり得ないからこそ、かえって表現が先鋭化し、純化されていったのでしょう。

いわば『葉隠』は、武士に去勢を迫る時代への抵抗として、戦国時代の武士道を理想化していったのです。そしてその理想主義ゆえに、戦前日本の軍隊において経典のごとく称揚され、軍国主義《ぐんこくしゅぎ》に利用されることになります。たとえば、「武士道は死狂ひなり。一人の殺害を数十人して仕かぬるもの」という時、死に物狂いで戦う武士は数十人でもかなわないという字義通りの意味を超えて、特攻隊を正当化する言葉として読み替えられてしまうのです。『葉隠』の描く武士道は純粋であるがゆえに、様々な読み方が可能になるのは事実です。したがって、これを懸命に生きるための倫理として生かすか、単なる戦争のための道具にしてしまうかは、私たちの見識に委《ゆだ》ねられているわけです。

少なくとも私は、『葉隠』を戦争のための倫理に貶《おとし》めるようなことはしたくありません。この懸命に生きるための倫理を、そんなふうに読むのはもったいないと思うからです。それに常朝自身、次のようにいっていることからもわかるとおり、本当に死ぬのがいいなどとは思っていなかったはずです。

これが武道に丈夫なり、毎朝毎夕、改めては死に死に、常住死身になりて居る時は、武道に自由を得、一生落度なく、家職を仕果すべきなり。

つまり、真に武士道を身につけるには、毎朝毎晩、繰り返し命を捨てるくらいの気持ちで修行することが大事だということです。そうすることではじめて、武士道が身につき、一生間違うことなく奉公できるからです。

実際に死んでしまったら、もう明日はありません。そうではなくて、毎日死ぬ気で、一生懸命生きよということなのです。ある意味でこれは、究極の理想主義だといっていいでしょう。人間は休みたくもなるし、サボりたくもなる生き物ですから。

常朝のこの理想主義は、主君への忠誠を説いた箇所にも見られます。常朝は、主君への忠誠を、思いを打ち明けることのできない切なくも情熱的な「忍ぶ恋」に喩《たと》えています。だから自らも主君の死に際して、殉死することを求めたのです。

恋の悟りの究極は忍ぶ恋である。「恋死なん後の煙にそれと知れ　つひにもらさぬ中の思ひは」という歌があるが、そのようなものだ。生きているあいだに、気持ちを伝えるのは深い恋とは言えない。恋い焦がれ思い死にする恋こそが、限りなく深い恋なのだ。

つまり、忍ぶ恋というのは片想いのことです。好きだとさえいい出せず、そのまま思いを抱いて死んでいく。これが最高に美しいと考えるわけです。男同士のこうした関係を恋に喩えるあたりがすでに美しいのですが、いわば常朝は性別を超えた人間同士の愛に関する理想のようなものを論じていたように思えます。

その点で、古代ギリシアの哲学者プラトンが説いた純愛、エロースと同じなのです。プラトンの純愛、プラトニックラブが理想主義の極みであったのと同様、常朝は人間への愛についても永遠の理想を描こうとしていたといっていいでしょう。

それにしても、死んでも告白しないなんて、ストイックすぎるように思えるかもしれませんが、これが武士の美学《びがく》なのです。主君に仕えるとはこういうことです。言い換えるとそれは、私心を捨てるということになるのではないでしょうか。私心を捨てて、主君のため、お国のために尽くす、これが武士道の説く奉公にほかなりません。

今の時代、自分を捨てて公に尽くすというと、いかにも古臭い感じがするかもしれません。滅私《めっし》奉公《ほうこう》という言葉が否定的にとられるのも、そうした理由からです。でも、常朝の場合、決して否定的な意味で滅私奉公していたようには思えません。彼は奉公することに誇りを持ち、そんな毎日を楽しんでさえいたのですから。滅私奉公は不本意ながらやらされるときにはじめて、負の意味を持つのではないでしょうか。

それに、自分を捨てるのと私心を捨てるのは異なります。私心というのは、思い込みやわがままのような、むしろ自分を見失わせる要素だからです。そのことがよくわかるのは、常朝が私心について論じた次の言葉です。

大事なことに臨んではひとまず、そのこと自体から離れ、原則に照らし、私心を去ってじっくり考えれば、大きな誤算は避けることができよう。

つまり、大切なことについては、主観を捨て去って物事を見るべきだということです。これは西洋の哲学において物事の本質を探究する態度と同じだといえます。武士道にそのような要素があった点は驚きですが、ここからも武士道が単なる精神論ではないことがわかります。

さらに、常朝は、そうやって私心を捨てて考えるための方法として、具体的手順を説いています。それは、まず原則に照らしてみること。そのうえで、個人的な利害、および小主観を離れて考えること。そして、そのこと自体から離れて客観的に見てみること。最後に、小主観を捨てるために、古人の言行に学び、また利害関係のない人に意見を求めることだといいます。

こうして常に物事の本質を考え、正しい行動をとっていれば、人生において後悔することもないのでしょう。こうした生き方こそ、常朝の説く毎日を懸命に修行しながら生きるということの意味なのです。常朝は、戦う覚悟、職や家を失う覚悟、はては死ぬ覚悟まで、よく覚悟について論じています。これもまた後悔しない人生から来ているのだと思います。覚悟するから後悔しなくて済むのです。そして覚悟できるのは、いつもベストを尽くしていると確信できるからでしょう。これ以上の選択肢はないと思えるからなのです。そんなふうに常に思うためには、どうすればいいのか？　この点については、常朝が論じている一瞬と人生の関係が参考になります。

まさにいまの一瞬のほかには何もない。一瞬、一瞬と積み重なって一生なのである。これさえわかれば、他にせわしく思うことも、求めることもない。

私たちの人生には一瞬しかない。だから一瞬の積み重ねが一生となる。たしかにそう思うことができれば、焦ることも、求めることもなくなります。というより、そんなことを憂いている余裕などないはずです。今この一瞬をどうするかです。いかにも常に死と隣り合わせの武士の発想です。

考えてみれば、命長き時代でかつ平和な時代に生きる私たちは、先のことを心配しすぎているのかもしれません。それで逆に心を病んでしまったり、疲れてしまったりしているのです。そうして気が付けば年をとっていた。それでは本末転倒なような気がします。常朝のいうように、そんなことより今の一瞬に全身全霊を傾けたほうがいいのでしょう。その結果として、振り返ってみればいい人生を送ったというほうが、悔いがないように思います。

だから、「将来のことをちゃんと考えているのだろうか？」などという心配は、他人に任せておけばいいのです。自分自身は、日々、いや瞬間瞬間ベストを尽くすだけです。山本常朝の思想は、そのことを私たちに伝えてくれているのです。

思想のポイント 毎日死ぬ気で、一生懸命生きよ！

思想の活かし方 山本常朝の思想から、常にベストを尽くすための思考法を学ぼう！

世の中のために戦いを選んだ教育者

吉田《よしだ》松陰《しょういん》

(1830-1859)

身はたとひ
武蔵の野辺に朽ちぬとも
留め置かまし大和魂

『留魂録《りゅうこんろく》』

世の中を変えるための思考

吉田松陰《よしだしょういん》は、幕末の志士であり、また尊王《そんのう》思想家として知られています。そして何より、萩《はぎ》の松下村塾《しょうかそんじゅく》で多くの幕末の志士たちを育てたことで有名です。彼の門下生には、高杉晋作《たかすぎしんさく》や伊藤博文《いとうひろぶみ》といった明治維新の立役者たちが多くいます。

その思想は一君万民論《いっくんばんみんろん》とも称される通り、天下万民の主君である天皇のもとに結集し、誠をもって忠を尽くそうと呼びかけるものでした。それを実現するために、在野の人たちが一斉に立ち上がり、大きなことを成し遂げるという「草莽崛起《そうもうくつき》」の概念を唱えました。生前の影響はもちろんですが、獄中で書かれた『留魂録《りゅうこんろく》』に心打たれた若者たちが松陰の遺志を継ぎ、彼の死後、見事維新を成功させます。その他の著書に『幽囚録《ゆうしゅうろく》』『講孟余話《こうもうよわ》』などがあります。

ここではそんな松陰の生涯について、少しじっくりと振り返ってみたいと思います。というのも、世の中を変えるために、教育と革命に捧《ささ》げた松陰の人生そのものが、彼の思想でもあるからです。吉田松陰は、一八三〇年、山口県の萩に生を受けます。もともとは杉《すぎ》家の次男だったのですが、吉田家に養子に出されます。吉田家は兵学の学者の家系で、かつ当時は世襲されていましたから、松陰も必然的に兵学師範になることが決まっていました。

そこで叔父《おじ》である玉木文之進《たまきぶんのしん》という人物が、松陰の教師役としてスパルタ教育を施します。その甲斐《かい》あって、松陰は九歳で藩校である明倫館《めいりんかん》に出仕して教授見習いに、一〇歳で教壇に立って兵学の講義を始めます。なんと一一歳で藩主である毛利慶親《もうりよしちか》の前でご進講を行い、その後藩主を入門させたといいます。そして一九歳でついに師範として独立し、二二歳の時に山鹿《やまが》流最高の免許を受けるに至ります。

独立するまでは藩を出たこともなかった松陰ですが、次第に情報収集のために旅をするようになります。江戸にも遊学しました。その際、脱藩してまで東北に足を延ばしています。ロシアから来た黒船を見るためです。もちろん好奇心もあったのでしょうが、それ以上に世の中を変えたいという思いが強かったようです。

萩に戻った松陰は、慶親の恩情により、浪人の身分でさらに一〇年間の遊学の機会を得ます。そして再び江戸に入り、そこでペリーの黒船と対峙《たいじ》することになるのです。ちなみに、この頃松陰は、思想家の佐久間象山《さくましょうざん》に出会い、大きな影響を受けています。

その象山の勧めで、二度目に来航した黒船への密航を企てますが、失敗して捕らえられてしまいます。しかし松陰は、自らの密航について、「皇国《こうこく》の民」としてやむにやまれぬ行為であると確信していたことから、堂々と申し開きをします。そうして萩に戻され、野山獄《のやまごく》につながれることになったのです。

運よく野山獄から出ることができた松陰でしたが、自宅で幽囚させられることになります。そこで、やむなく自宅で講義を始めたのです。これが「松下村塾」の誕生です。正確にいうと、松下村塾そのものは、松陰の叔父であり師匠でもある玉木文之進がすでに私塾として開いていたため、松陰はそれを引き継いだ形になります。ここに高杉晋作や久坂玄瑞《くさかげんずい》、さらには伊藤博文や山縣有朋《やまがたありとも》も集ってきました。

噂が噂を呼び、塾には近隣から多くの子どもたちが集まったといいます。驚くべきことは、後に歴史上の偉人になる門下生たちは、皆最初は普通の子どもだったということです。それを松陰が見事偉人に育てたのです。いや、正確にいうと、将来偉人になるような立派な人材に育てたのです。

この元気な塾生たちと家族のように交わりつつ、楽しく学問を講じていた松陰でしたが、ついに安政《あんせい》の大獄《たいごく》に反発し、老中暗殺計画を立てます。世の中を変えるために戦うことを選んだのです。しかし、周囲の賛同を得られず、再び野山獄につながれてしまいます。革命の未遂です。そこで草莽崛起論を唱えたのです。在野の民を意味する草莽に対して、一斉に立ち上がるべき時だと。

野山獄から江戸に連行され、斬首《ざんしゅ》を覚悟した松陰は、遺書となる『留魂録』を書き上げます。そして門下生たちに革命を託し、わずか三〇年の短い人生を閉じたのです。まさに世の中を変えるために戦い続けた人生だったといえるのではないでしょうか。

さて、吉田松陰の思想については、著書『講孟余話』から見ていくのがいいでしょう。孟《もう》子《し》の言葉を中心に、中国の古典を読み解きながら、その思想の説く本質と時流を重ね合わせつつ、自説を展開したものです。松陰の博学と、革命に対する熱い思いが伝わってくる著作です。どうしてこれから見ていくのがいいかというと、ここには松陰の人生を象徴するような大事な事柄がすでにいくつか明言されているからです。たとえば、松陰はこの時すでに、これから先の自分の人生を暗示するかのように、次のようにいっています。

> こういう結果になってしまっては一身の功業も名誉もまったくなくなってしまうように考えられようが、決してそんなものではない。人臣たる者の失わず、永く後世の模範となることにより、後世かならずその事蹟・精神に心を打たれて感噴興起する者が出るにちがいない。そしてついにはその国の気風も正道に一定し、賢愚貴賤の別なく、すべて節義をあがめ尊ぶようになるのだ。

このとき松陰は、幽閉の身にあり、場合によっては生涯外に出ることはできないと思っていました。ただ、仮にそうなったとしても、教育によって自分の教えを実践してくれるような人材を育てておけば、彼らが世の中を変えてくれるに違いないといっているわけです。そして、その意味で自分の存在ややっていることにも意義があると考えていたのです。実際、松陰自身はすべての革命に関して未遂に終わっているわけですから、その存在意義は自らの意志を受け継いでくれる人材を育てた点にあったのです。逆にいうと、教育は彼の戦いの一環であったのかもしれません。

では、松陰は弟子たちが何をしてくれることを望んでいたのか？　それこそが尊王攘夷《じょうい》、つまり天皇の実権を回復し、外国を討つということでした。そのことは、「国土も山川草木も人民も、すべてを皇祖以来の朝廷が保ち護りつづけてこられたのである」及び、「いまわが神州を興隆に導き、四方の夷狄を討伐するのは、これ仁道である」という表現にもよく表れています。尊王の部分はやや間接的表現にとどまっていますが、このあと松陰の思想はより先鋭化していきます。

こうした革命に対する強い思いがついに具体的な形でまとめられたものこそ、『留魂録』にほかなりませんでした。だからこそ、松陰の死後、弟子たちはこの『留魂録』に鼓舞されて、明治維新という革命を成し遂げたのです。その意味で、この書は弟子たちのために書かれた革命のための檄文《げきぶん》だったわけです。とはいえ、あえてフラットな関係を築くため、日ごろから塾生たちを「諸友《しょゆう》」と呼んでいた松陰らしい、感動的な檄文です。
もし同志の諸君の中に、私のささやかな真心を憐み、それを受け継いでやろうという人がいるなら、それはまかれた種子が絶えずに、穀物が年々実っていくのと同じで、収穫のあった年に恥じないことになろう。同志よ、このことをよく考えてほしい。

師から弟子たちに対する、最大の敬意が感じられる一節です。弟子たちは松陰を尊敬し、感謝していたはずです。にもかかわらず、その師が最後に残した言葉は、同志としての自分たちへのお願いだったのですから。決して上から目線で教育をすることのなかった松陰の人柄がよく表れているように思います。

師である松陰は、自分のまいた種が穀物として実ることを願っている。でも、それを見届けることはできない。きっと多くの弟子たちが、この松陰の最後の言葉に涙したことでしょう。そして大いに鼓舞されたことでしょう。現代社会における教師と生徒の希薄な関係からは想像もできません。弟子たちは、師の言葉を信じ、命まで懸けたわけですから。

それにしてもなぜ弟子たちはこれほどまでに松陰に心酔していたのか。松陰は日ごろから弟子をよく褒めたといいます。私はこの松陰の教育姿勢が、弟子たちの心をつかむ鍵《かぎ》を握っていたように思います。松陰研究の第一人者海原徹《うみはらとおる》氏も著書『吉田松陰』の中で次のように指摘しています。

ところで、松陰は、個人的差異を教育上の限界というように、否定的もしくは消極的に捉えたことは一度もなく、むしろ天賦の個性、すべての人間に潜在する可能性という積極面から見ており、それゆえ、いかなる問題を持ち障害を抱えているやに見える人間、たとえば『不中不才の人』『猥者』『狂者』『片意地者』『偏屈者』『愚者』など、いずれにも熱い眼差を向けたのである。

これは松陰の教育における大原則といっていいでしょう。たとえ子どもであっても、自分にないものを持っている。そのような目で見ることができれば、心からすごいと思えるものです。そんなふうに子どものことを思える大人は立派です。子どもも自然とそれを感じとるのでしょう。だから尊敬してくれるわけです。

『留魂録』の冒頭には、辞世の句ともいわれる次の有名な一文が記されています。「身はたとひ武蔵の野辺に朽ちぬとも留め置かまし大和魂」。自分の肉体はたとえ関東の地で滅んだとしても、志だけはこの世に残す」という強いメッセージです。

このメッセージが松下村塾の門下生たちの心に強く響いたのはたしかです。しかし、松陰の言葉の影響は単にその時代にとどまるものではありません。世の中を変えるという松陰の残した志は、現代に至るまで、日本中に響き渡っているといっていいでしょう。だから私たちは、世の中の変革の必要性を論じる時、今なおそれを松陰や松下村塾と結び付けようとするのです。

思想のポイント

たとえ子どもであっても、誰もが自分にないものを持っている！

思想の活かし方

吉田松陰の思想から、世の中を変えるための思考法を学ぼう！

グローバルな平和の構想者

横井小楠《よこいしょうなん》

(1809-1869)

だから学問と政治との関係は
結局、己れを修めれば
人も治まるというところに
あるでしょう。
その「己れを修める」と
「人を治める」との一致を計
るのが本当の学問なのです。

『学校問答書《がっこうもんどうしょ》』

日本式公共哲学の思考法

私が横井小楠《よこいしょうなん》の名前を知ったのは、恥ずかしながら公共哲学《こうきょうてつがく》を勉強し始めてからのことです。つまり、学生時代まで歴史上の人物として彼の名に気をとめることはなかったのです。もちろん、他の幕末の偉人たちに比べてそれほど目立ったことをしたわけではないため、ある意味では仕方なかったわけですが。しかし、彼の思想の内容を詳しく知った時、私の評価は一変しました。

横井小楠は、「天地公共の実理《てんちこうきょうのじつり》」を掲げ、早くもこの時代に公共哲学的な知見を示していたという点で傑出していたからです。彼はまず、外国からの開国の要求に際して、「有道《ゆうどう》」の国と「無道《むどう》」の国という概念を区別し、「有道」の国が通信交易を求めるなら、拒絶すべきではないと主張します。それは「天地公共の実理」に反するというのです。

そのうえで、自国の鎖国政策を「日本一国の私」と批判するにとどまらず、大国の植民地主義をも俎上《そじょう》に載せ、「割拠見」という概念によって国家間の互恵平和を主張する先進的な見解を示していました。

彼の生きた時代がいまだ徳川《とくがわ》の支配する封建社会であったことに鑑《かんが》みると、これがいかにすごい主張であったかわかると思います。まさに小楠は、近世日本におけるグローバルな平和の構想者であったといえるのではないでしょうか。そんな画期的な思想について、彼の生涯を振り返りつつ考察を加えていきたいと思います。

横井小楠は、一八〇九年に肥後《ひご》、つまり今の熊本に生を受けます。熊本藩の中級役人の次男でした。時習館《じしゅうかん》という藩校で学ぶと同時に、この学校の改革にも貢献しています。小楠は後に学問と政治を結び付ける思想を構築しますが、その背景にはおそらくこうした経験が影響を及ぼしているものと思われます。

藩校で儒学《じゅがく》を学び、ある意味で小楠は終始儒学をベースにして思想を発展させていきました。ところが、その思想を実践すべく、地元熊本藩で藩政改革を試みるも挫折《ざせつ》してしまいます。それがもとで諸国を漫遊し、様々な藩の様子を視察してまわりました。その結果、越前福井藩が優れた政治を行っていると認識するに至ります。そこで、福井藩に対して、自ら理想とする「学問と政治を一致させる」という方針『学校問答書《がっこうもんどうしょ》』を送ることにしたのです。

他方、この時期の日本では、あの黒船のペリー来航が問題になっていたため、小楠は無道の国を受け入れてはならないという立場を明らかにします。しかし、幕府は和親条約を結んでしまうのです。その対応に落胆し、小楠はもう幕府に期待するのではなく、先進的だと自分が考える福井藩で理想を実現することを心に決めます。そうして福井藩に滞在し、学問の実践を行いました。

ここで一定の成果を収めた小楠は、一度郷里の熊本に戻った後、江戸に向かいます。福井藩出身の松平春嶽《まつだいらしゅんがく》が徳川慶喜《よしのぶ》の後見職についたことから、そのブレーンとして活躍することになったのです。そこで幕府改革の構想を練ります。その延長線上に、たとえば幕府による海軍の創設を説いた『海軍問答書』がありました。これを親交のあった勝海舟《かつかいしゅう》に送り、実現を試みたのです。

こうした幕末の混乱期にあって、学問の立場から積極的に政治にかかわり、幕府を改革しようと活躍した小楠は、明治維新後参与として招かれます。ところが、その思想の開明性ゆえに最後は保守的な人たちに疎まれ、暗殺されてしまいます。小楠がもう少し長く生きていれば、きっと明治政府もさらに開明的な政策を実現していったに違いないでしょう。それは以下に見る小楠の思想からうかがい知れるはずです。

このへんで小楠の思想について詳しく見ていきたいと思います。まずは小楠が越前福井藩の依頼を受けて送った『学校問答書』についてです。ここでは、学校というのは講学するところなので、政治をする人間が学を講じれば「学政一致《がくせいいっち》」が実現するという主張が展開されていました。そのために、主君が学校のトップになって学校をつくる必要があると考えたのです。

これは学問を重視する小楠ならではの公共哲学であって、哲学者と王の一致を説くプラトンの哲人政治《てつじんせいじ》を想起させるものです。それによって正しい政治が行われると考えたのでしょう。いや、小楠が儒学者であったことに鑑みるなら、プラトンの理想主義の実現というよりは、儒学に基づいた政治という中国思想の現実主義のほうに近いのかもしれません。それを裏付ける言葉として、『学校問答書』には、次のような一節があります。

根本から枝葉、枝葉から根本へと同じ理が流れているわけです。だから学問と政治との関係は結局、己れを修めれば人も治まるというところにあるでしょう。その「己れを修める」と「人を治める」との一致を計るのが本当の学問なのです。

これはまさに儒学の説く「修己治人《しゅうこちじん》」にほかなりません。自分自身の修養に努めて徳を積み、そうしてその徳によって人々を感化して、世の中を治めるという儒学の根本思想です。小楠の学政一致は、支配者だけでなく、共同体のすべての成員に求められるものだと考えていいでしょう。ここが公共哲学たるゆえんなのです。政治とはどうしても為政者のものという印象がありますが、公共というのは、公を共にすることですから、そこにかかわるすべての人間に求められる哲学なのです。

さらに、こうした小楠の学問を重視する姿勢は、外交にも適用されます。小楠は、同じく福井藩に送った『文武《ぶんぶ》一途《いちず》の説《せつ》』の中で、ペリーの黒船など外艦渡来によって世間が「武」に傾いていることを警戒し、「文」の必要性を訴えました。たしかに「武」は必要だけれども、あくまでそれは「文」の裏付けがあってのことだというのです。「文」で方針を決めて、必要であれば「武」を発するという、「文武一途」を説いたのです。その「文」の判断の基準となるのが、「有道の国は通信を許し、無道の国は拒絶する」という「天地公共の実理」の大原則にほかなりませんでした。

小楠にいわせると、ペリーは江戸湾で多くの無礼を働いたので、無道の国として拒絶するという結論になります。ところが、幕府は圧力に屈して和親条約を結んでしまったのです。ただし、後に小楠は、よく調べた結果、アメリカが決して無道の国ではないことを知ることになるわけですが。これについては最後に触れたいと思います。

かくして、当時幕府の対応に落胆した小楠は、福井藩で理想とする学政一致を実現するべく、同藩からの招聘《しょうへい》を受け入れ、そこで学問を講じつつ、政治の実践を行います。いわば公共哲学の本格的実践です。そうして、「天・富国」「地・強兵」「人・士道」の三論からなる問答集『国是《こくぜ》三論《さんろん》』を書き上げるのです。

ここではグローバルな公共哲学ともいうべき先進的な議論が展開されています。たとえば、開国を迫られた日本の政治についても、次のように明快に答えます。

天地の気運や世界の形勢は人の勝手な意志によっては左右できないものである。したがって、日本一国の都合によって鎖国を固持してはならないし、また、いまのように、鎖国時代と同程度の見識しかもたないままで開港をしてもよくない。どちらも弊害が大きくて政治の安定は望めないのである。天地の気運に乗じ、世界万国の事情に従って、「公共の道」をもって天下の政治をおこなえば、いまの心配事を解決し、いっさいの障害は消え去ってしまうだろう。

つまり、少なくとも日本だけで世界情勢をどうすることもできないわけですから、日本の事情だけで鎖国するのも問題だし、世界のことを無視して政治を行っているような状態で開国するのも混乱を招くだけだというのです。そこでどうすればいいかというと、世界に合わせた政治をして、開国すればいいということになります。それこそが公共の道、公共哲学だというのですから、これはもはやグローバルな公共哲学だといっても過言ではないでしょう。

前に触れた「割拠見」という発想もそうしたグローバル公共哲学の一端と見ていいと思います。藩から国家まで、自分の集団のみを重視する自己中心的な見方は、割拠見として非難されるべきだというのです。そうして国家間の互恵平和を主張したのです。
こうして見てみると、結局グローバルな公共哲学とは、いいものを取り入れる柔軟さではないかと思うのです。悪しきナショナリズムに象徴されるような、一国中心主義は、どうしてもかたくなな態度に傾きがちです。そのせいで、せっかくいいものが海外にあっても、それを真似たり、取り入れようとはしないわけです。その結果、自分たちだけが遅れをとってしまう。ひどい場合には、そのかたくなな態度が戦争さえ招いてしまうのです。その点で小楠はアメリカのことをよく調べ直して、次のように高く評価するに至ります。

これによって君臣の関係がなくなり、政治は公共和平をめざし、法律制度から機械技術にいたるまで地球上の善いものはみな採用し活用するという理想的な政治がおこなわれている。

たしかに当時の封建的な日本から見れば、共和制をとるアメリカには君臣の関係などありません。そしてなんでも取り入れて発展させようという態度に関しては、実用主義《じつようしゅぎ》ともいうべき建国以来のプラグマティズム思想のおかげで、今も昔も世界一だといえます。小楠は、いち早くそのアメリカの本質を見抜き、それに倣えと訴えたのです。それこそが公共和平実現の道であると。

現代日本の公共哲学は、欧米経由でここ数年ようやく認知されてきた学問です。そうした視点からすると、横井小楠が掲げた天地公共の実理というのは、日本にとって元祖公共哲学だということができると思います。しかもその内容は、グローバル公共哲学ともいうべき先進性を備えていた。だから私たちはその子孫として、もっと胸を張ってこの思想を実践すべきだと思うのです。偏狭なナショナリズムにとらわれている場合ではないのです。

思想のポイント

グローバル社会では、いいものを取り入れる柔軟さが必要！

思想の活かし方

横井小楠の思想から、日本式公共哲学の思考法を学ぼう！

国際連盟で活躍した元祖グローバル人材

新渡戸稲造《にとべいなぞう》

(1862-1933)

「これ以上に忠君愛国の国民があろうか」とは、多くの人によりて発せられる質問である。これに対して「世界無比！」と吾人の誇りやかに答えうるは、これ武士道の賜である。

『武士道』

世界の中の日本を考えるための思考法

思想家であると同時に、教育者でもあった新渡戸稲造《にとべいなぞう》。ほかにも台湾総督府や国際連盟で活躍するなど、様々な分野で足跡を残した偉人ですが、なんといっても新渡戸が有名なのは、英文で著した『武士道』のおかげでしょう。この本は英語圏でもベストセラーになったといいます。日本人の固有の精神である武士道には、キリスト教を受け入れる素地があることを訴えたものです。しかし、新渡戸の意図とは裏腹に、武士道は日本文化や精神の独自性を海外に向けて紹介する重要な役割を果たすことになります。

まずは新渡戸の生涯を簡単に振り返りながら、『武士道』を中心に彼の思想をひもといていきましょう。新渡戸稲造は、一八六二年、盛岡《もりおか》の藩士の三男として生を受けます。札幌《さっぽろ》農学校で学び、そこでキリスト教の洗礼を受けています。アメリカやドイツに留学した後、多くの大学で教鞭《きょうべん》をとり、キリスト教に基づく人格主義《じんかくしゅぎ》教育に従事します。また、アメリカではクエーカー教徒になっています。

台湾総督府技官として赴任した際には製糖業の改革に成功し、日本の植民地行政にも影響を及ぼしました。最後は、若き日に発した「太平洋の橋とならん」との言葉通り、国際連盟事務次長を務め、日本と世界との架け橋としての役目を担いました。ちなみに、プライベートでもアメリカの女性とアメリカで結婚しています。

何度も欧米を行き来し、英語でも世界に向けて著作を発表し、国際機関でも活躍した新渡戸稲造は、元祖グローバル人材として、今も象徴的な存在であるといっていいでしょう。

新渡戸稲造の思想については、なんといっても彼の代名詞ともいえる『武士道』から見ていくのがいいでしょう。一般には、新渡戸といえば武士道、武士道といえば新渡戸だからです。ところがこの本は、実は戦国時代以来の伝統ある武士道の流れとは、完全に独立したところで形成された思想なのです。

新渡戸の武士道が異質なのは、それがキリスト教徒の手によって、キリスト教のために書かれたという点です。新渡戸自身キリスト教徒であり、彼は日本の精神としての武士道を、西洋の人たちに向けて英語で書きました。その目的は、日本の道徳がキリスト教と親和的であることを説明するという点にあったのです。

そもそも驚くべきことに、新渡戸は江戸以前の武士道をまったく知らなかったそうです。これは自ら告白しているところです。したがって、彼は武士道を自分の造語であるとさえ思っていたのです。その意味でも、新渡戸の武士道は特殊性を有しているわけです。

しかし、だからこそ西洋で受け入れられる普遍性を備えていたともいえます。つまり新渡戸の武士道は、日本において特殊であるがゆえに、世界的に見れば普遍性を備えた思想たり得たのです。

新渡戸は武士道を日本独自の思想として紹介するために、あえてそのまま〝Bushido〟というオリジナルの語を用いたといっていますが、皮肉にも新渡戸の武士道そのものが、「武士道」ではなく、それとは別の西洋の視点で描かれた〝Bushido〟にほかならなかったのです。

このように、武士道の国の私たちは、新渡戸の『武士道』の特殊性をしっかりと押さえたうえで、新渡戸が見出《みいだ》そうとした武士道の世界倫理としての普遍性を世界に広げていく必要があります。

その特殊性ゆえの普遍性は、『武士道』の最初のほうで、日本の武士道と西洋の騎士道《きしどう》を重ねて説明しようとしている部分からもうかがえます。この西洋思想とのアナロジーで武士道をとらえようとする姿勢は、一貫して本書の記述に表れている特徴だといえます。たとえば、日本の武士の最大の特徴と思われる名誉の感覚についてさえ、新渡戸は次のようにいっています。

今日 honour の訳語として通常用いらるる「名誉」という語こそ自由に使用されなかったが、その観念は、「名」、「面目」、「外聞《がいぶん》」等の語によりて伝えられた。これら三つの語はそれぞれ『聖書』において用いられる「名《ネイム》」、ギリシヤ語の面から出た「人格《パーソナリティー》」という語および「聞え《フェイム》」を連想せしめる。

つまり、名誉の同義語ともいえる「名《な》」は name、面目《めんぼく》は personality、外聞は fame だと思ってもらえばよいといいたいわけです。これによって、名誉の観念も西洋の概念とそう変わらないことを強調しようとします。ただでさえ、切腹などは誤解を受けやすいので、こうして名誉の観念が呪術的《じゅじゅつてき》なものではないことを示したかったのでしょう。

実際、切腹はハラキリなどといって、西洋の人たちからは日本人の不合理性の象徴にされてしまっています。新渡戸はそのような誤解を解きたかったのでしょう。いや、本来は誤解ではないのかもしれませんが、少なくとも彼はそう思われたくなかったのです。だから、切腹についても次のように弁明しています。

私はあえて言う、多くの善きキリスト者は、もし彼らが十分正直でさえあれば、カトーやブルトゥスや、ペトロニウスや、その他多くの古の偉人が自己の地上の生命を自ら終らしめたる崇高なる態度に対して、積極的賞讃とまでは行かなくても、魅力を感ずることを告白するであろう。

つまり、キリスト者《しゃ》でさえ、本音では自己の命を崇高な態度で終わらせることについては、魅力を感じているはずだというのです。そうして新渡戸はソクラテスの例を挙げます。たしかに西洋思想の原点を築き上げたといってもいいソクラテスの最期は、自殺でした。しかしそれは、潔い態度として賞讃《しょうさん》されているのです。ならば、武士の切腹も同じようにとらえることができるはずだということです。それはソクラテスの最期同様、厳かな儀式なのだといいたいのです。

もちろん武士は主君のため、ひいては国のために自害するのであって、そうした意味での愛国心があることは新渡戸も否定しません。日清《にっしん》戦争で生まれ変わった日本の姿を見た当時の世界にとっては、武士道における切腹は、愛国心と結びつく脅威でもあったはずです。この点については、新渡戸は次のように割と正直に認めているように思われます。

「矮小ジャップ」の身体に溢るる忍耐、不撓ならびに勇気は日清戦争において十分に証明せられた。「これ以上に忠君愛国の国民があろうか」とは、多くの人によりて発せられる質問である。これに対して「世界無比!」と吾人の誇りやかに答えうるは、これ武士道の賜である。

小柄な日本人が日清戦争で示した愛国心は、世界無比だと明言しているわけです。しかもそれは武士道の賜物《たまもの》であると。とはいえ、国際人新渡戸稲造が、ただ手放しで日本人の愛国心を褒めたたえることはあり得ないでしょう。現にこの後の文では、武士道が国民の欠点をももたらしていると書いています。それは感情的になりやすく、また尊大になりやすい点です。しかし、それだけでは愛国心の危険性を指摘するには不十分といえます。

新渡戸が英語でこの本を発表したのは一九〇〇年ですから、まだ日露《にちろ》戦争の前です。これに対して、一九二五年日本が本格的に軍国化していく中、愛国心について論じた『実業之日《じつぎょうのに》本《ほん》』所収論文「真の愛国心」では、新渡戸のトーンはかなり変わってきています。国際連盟で働いた経験も影響したのでしょう。新渡戸は次のように述べています。

理非曲直の標準は一国に止まるものでなく、人類一般に共通するものである以上、寧ろ是は是、非は非と明に判断し、国が南であれ北であれ、はたまた東であれ西であれ、正義人道に適うことを重んずるのが真の愛国心であって、他国の領土を掠め取り、他人を譏謗して自分のみが優等なるものとするは憂国でもなければ愛国でもないと僕は信じている。

ここにははっきりとグローバル人材、いやグローバル知識人としての見識が示されています。愛国心が、単に一国にとどまるものではなく、人類一般に共通する普遍的な倫理としてとらえられているのです。これは一見矛盾のように聞こえますが、逆に国を愛するからこそ、理不尽な行動は支持すべきではないということです。

よく考えればわかることですが、当時の日本は思考停止しており、このような熟考をすることもなかったのでしょう。声の大きい人間や権威のある人間がいえば、それが正しいとされていた時代だったのです。だから愛国心についても、誤った考え方が広がっていた。新渡戸はそう指摘するのです。

そしてこうした思考停止から脱却するためにこそ、正しい教育が必要だと説いたのです。新渡戸は『青年界』に寄せた論文「今世風の教育」の中で、自らの教育観について次のように述べています。

私の考えるところは試験の成績は悪くてもよい。同級生に後れてもよい。人の物笑いになってもよい。落着いて自分の心を練って、学問することを考えてもらいたい。

知識や成績などどうでもよい、それよりも物事をじっくりと自分の頭で考えてもらいたい。その切なる願いが多くの教え子たちを感化し、今なおグローバルに活躍することを夢見る若者たちを導き続けているのです。

思想のポイント

思考停止から脱却するためにこそ、正しい教育が必要！

思想の活かし方

新渡戸稲造の思想から、世界における日本の特殊性と普遍性を規定するための思考法を学ぼう！

非戦と平和の伝道師

内村《うちむら》鑑三《かんぞう》

(1861-1930)

余が書こうとするのは、
余は如何にして
基督信徒となりし乎である、
何故にではない。

『余《よ》は如何《いか》にして基督信徒《キリストしんと》となりし乎《か》』

信念を貫くための思考

内村鑑三《うちむらかんぞう》は、キリスト者として知られる思想家です。福音主義《ふくいんしゅぎ》信仰と時事社会批判に基づく日本独自の無教会主義《むきょうかいしゅぎ》を唱えました。内村は、キリスト者としての自分とそれを受け付けようとしない当時の日本社会との葛藤《かっとう》の中で、やがて「二つのJ」という概念を掲げるようになります。つまり、イエス（Jesus）と日本（Japan）という二つのJは決して矛盾するものではなく、イエスへの信仰によって日本人の精神の再生を図ることができると考えたのです。

また、内村はキリスト者の立場から、日露戦争に際して果敢に非戦論《ひせんろん》を唱えています。キリスト教精神のもと、人類の平和を訴える姿勢を貫き通したのです。まさに非戦と平和の伝道師といっていい人物です。まずはそんな内村の生涯を振り返ってみたいと思います。

内村鑑三は、一八六一年、下級武士の長男として江戸小石川《こいしかわ》の武士長屋に生を受けます。一〇歳の時に英学校に入り、その後東京外国語学校で新渡戸稲造らと共に本格的な英語教育を受けています。卒業後は「少年よ大志を抱け」で有名なクラーク博士が教頭を務めた札幌農学校に進学し、そこで洗礼を受けます。

友人の勧めもあって渡米した内村は、伝道者《でんどうしゃ》になるべく大学で学びます。そして帰国後は、いくつかの学校で教鞭をとります。ところが、第一高等中学校に勤めていたとき、ある事件が起こりました。

講堂で挙行された教育勅語《きょういくちょくご》奉読式において、内村が最敬礼をせずに降壇したことが社会問題化したのです。敬礼はしたけれど、最敬礼をしなかったからです。結局内村は、辞職に追い込まれます。これがいわゆる不敬事件《ふけいじけん》です。

教師としての道を断たれた内村は、伝道者として生きることを決めます。そして生活に苦しみながらも『余《よ》は如何《いか》にして基督信徒《キリストしんと》となりし乎《か》』などの著書を発表します。やがて内村は請われて新聞社で健筆を振るうようになります。ジャーナリストとしては、足尾《あしお》銅山鉱毒事件の究明に深くかかわっています。

日露戦争が勃発《ぼっぱつ》すると、世論に抗して、キリスト教の平和主義《へいわしゅぎ》の立場から非戦論を唱えました。当時はキリスト者でさえも戦争支持に回る中、内村は非戦を貫いたため後世高く評価されています。晩年は世界伝道協賛会を創設して、世界の伝道事業に貢献するなど、グローバルに活躍しました。

では、内村鑑三の思想とはどのようなものだったのでしょうか。代表作『余は如何にして基督信徒となりし乎』から見ていきたいと思います。この本は、多作の内村が、英文で発表した三作品のうちの一作目です。著者として設定されたヨナタンXなる人物が、「余」という第一人称を用いて、自分の通過した精神的成長の種々なる段階について正直な告白をするというものです。

もちろん、不敬事件の直後に書かれたこの書には、内村の自伝的な告白がなされていることは間違いないでしょう。それをできるだけ客観的に綴《つづ》ることで、かえって読む者の共感を誘うことに成功しています。実際、ヨーロッパでは広く受け入れられました。内村はこの本の緒言を次のように書き始めています。

余が書こうとするのは、余は如何にして基督信徒となりし乎である、何故にではない。いわゆる「回心の哲学」は余の題目ではない。余はただその「現象」を記述し、余よりも哲学的訓練ある人々に材料を提供しようとするにすぎない。

つまり、内村は、自分がいかにしてキリスト者になったかというそのプロセスを現象として語ろうとしているのであって、決してなぜそうなったかという原理の展開ではないということです。したがって、事実を知って、人がそれをどう受け止めるかはまったくの自由であるというわけです。

しかし、伝道者がよくやるように、この受け止め方はあなたの自由ですという態度こそ、人をもっとも宗教に惹きつけるものであることを内村は自覚していたのではないでしょうか。その証拠に、内村は時折キリスト教の優れている点を強調します。たとえば、次の一節です。

基督教が異教よりより以上でありより高くあるのは、それが我々をして律法を守らしめる点にある。それは異教プラス生命である。それによってのみ律法遵守が可能事となる。それは律法の精神である。すべての宗教のうちでそれは内側から働くものである。

キリスト教は私たちに法律を守らせる点で優れているというのです。そうして内村は、「他の宗教に同様のことをするものがあるか、余はいまなお『比較宗教学』の教を乞いたくある」といってのけます。内村がキリスト教を最善のものであると考えていたのは当然ですが、むしろ大事なのは、武士の子である自分がいかにしてキリスト者になったかというその個人的経験を伝えることでした。なぜなら、それはキリスト教の普遍性を示すことになるからです。

とはいえ、この普遍性は決して布教のためだけに確認されたわけではありません。この時の内村は、ほかでもない自分自身を説得するために、キリスト教の普遍性を明確にしたかったのです。

だからこそ、『代表的日本人《だいひょうてきにほんじん》』で、日本史上の偉人たちが皆キリスト教徒としての素養を備えていることを訴えたのです。その意味でこの本は、内村自身のアイデンティティを確認し、確立するためのものであったということができるでしょう。内村は、再版の「はじめに」で、本書の趣旨を次のように説明しています。

日本が、今もなお「わが祈り、わが望み、わが力を惜しみなく」注ぐ、唯一の国土であることは変わりありません。わが国民の持つ長所―私どもにありがちな無批判な忠誠心や血なまぐさい愛国心とは別のもの―を外の世界に知らせる一助となることが、おそらく外国語による私の最後の書物となる本書の目的であります。

ここでは二つのことが意図されています。一つは、日本人の長所を世界に知らしめたいということ。もう一つは、それが無批判な忠誠心や血なまぐさい愛国心とはまったく別のものであることです。前者は、キリスト者にも負けない、あるいはそれに通じる素養があるということをいわんとしています。

後者は、日本が軍国化するなかで、それは本来の日本人の精神に基づくものではないということを弁明し、同時に当時の日本社会を批判する目的をはらんでいます。というのも、初版出版時はまだ日清戦争のさなかでそれほどでもなかったのですが、この再版出版時にはすでに日本は日露戦争をも断行してしまっていたからです。

この本の背景には、冒頭でも紹介した「二つのJ」という信念が横たわっています。内村が貴ぶ二つの「J」のことです。つまり、Jesus（イエス）のJとJapan（日本）のJのことです。彼はこの二つのJが矛盾するものではないことを示すために、西郷隆盛《さいごうたかもり》、上杉鷹山《うえすぎようざん》、二宮尊徳《にのみやそんとく》、中江藤樹《なかえとうじゅ》、日蓮上人《にちれんしょうにん》の五人を取り上げて、彼らの思想を独自の視点で読み解きます。

内村の意図が一番わかりやすいのは、最後の日蓮の箇所でしょう。というのも、日蓮もまた独自の姿勢を貫いた異教徒であり、内村の行動や思想に重なるところが多いからです。たとえば次の一節にそれがよく表れています。

20世紀の人々は、この人物から、教えはともかく、その信仰とその勇気とを学ぶがよろしい。ところでキリスト教そのものは、はたして日本で同じような始まり方をしたのでしょうか。ミッション・スクール、ミッション教会、金銭の支給、人的援助……、大いなる日蓮には、このうちなに一つありません。日蓮はまったくひとりで始めたのです！

内村は、日蓮が信念を貫いて孤軍奮闘する姿を自分に重ねます。そして一方で既存のキリスト教の権威を批判するのです。当時内村は、形式的な教会や儀式を否定し、人間は直接的に神の前に立つべきであるとする無教会主義を唱えていました。それは並大抵のことではなかったでしょう。くじけそうになる自分を発奮させるかのように、彼はこの書を一気に書き上げたのです。

彼が主筆を務める『聖書之研究』の巻頭に寄せた「所感」の一つに、次のような内容のものがあります。『内村鑑三所感集』としてまとめられているものから引用します。

われはわが主イエスキリストに倣うて教会なるものを建てざるべし。教会は真理を制限するものなり、しかして制限せられて真理の蓄殖を計る難し。われは真理そのものを伝えてその保存扶植を画せざるべし。われは単純なる伝道者たらんと欲す。

これはまさしく無教会主義の内容そのものであって、ただ真理のみを伝えるのが伝道者の使命であると宣言しているわけです。またこの無教会主義の主張は、当時の日本が独立自尊《どくりつじそん》をスローガンとしていたこととも関係しています。

つまり内村は、国民が独立自尊するためには、キリスト教においても外国のミッションから独立して何ものにも依存しないことが必要だと考えたのです。これは日本という国を愛するがゆえの思想であるといえます。同じ「所感」の中にこんな一節があります。

今や日本国を政治的に救うの希望はまったくない、社会的に救うの希望もほとんどない。しかし宗教的に救うの希望は充分にある。そうして宗教的に救える希望のある国はついに社会的にも政治的にも救える希望のある国である。宗教家の立場より見て日本国の将来ははなはだ多望なるものである。

日本はもう、社会的にも政治的にも救い難い状況に陥っている。でも、キリスト教にはまだ希望があって、きちんと伝道をすることができれば、逆に社会的にも政治的にも救える希望が出てくるということです。これは一九〇三年、日露戦争開戦直前のどうしようもない日本において、それでも内村が見出そうとした一筋の光明であったということができます。

思想のポイント

国民の独立自尊のためには、キリスト教においても外国のミッションから独立して何ものにも依存しないことが必要！

思想の活かし方

内村鑑三の思想から、圧力に屈することなく信念を貫くための思考法を学ぼう！

第4章　政治と革命を語った思想家たち

経世済民の提唱者

荻生徂徠《おぎゅうそらい》

（1666–1728）

「道」とは、知り難く、
また言い難い。
それが「大」なるものである
ためである。

『弁道《べんどう》』

思想と実用を結び付けるための思考法

江戸《えど》時代、徳川《とくがわ》幕府は、儒学《じゅがく》の流れをくむ朱子《しゅし》学《がく》を公認の学問にしました。それによって朱子学はもちろんのこと、それに対抗する学問が発展していきます。たとえば、もともと中国でも朱子学とライバル関係にあった陽明学《ようめいがく》や、後世の儒学者の注釈を排し、直接孔子《こうし》や孟《もう》子《し》の言葉を学ぼうとする伊藤仁斎《いとうじんさい》の古義学《こぎがく》などです。

いずれの立場にも共通していたのは、政治のための学問という位置づけです。当時、儒学者は為政者たちにとって知識の源泉であり、百科事典のような役割を担っていました。あたかも博学イコール政治的実用の学であるかのような風潮が生じていたのです。

そんな中で、荻生徂徠《おぎゅうそらい》は古文辞学《こぶんじがく》を提唱し、江戸時代のメインストリームともいっていい朱子学を批判しました。古文辞学とは、孔子の思想の基盤となっている『六経《りくけい》』（詩《し》・書《しょ》・礼《らい》・楽《がく》・易《えき》・春秋《しゅんじゅう》）を、その時代の文脈の中で研究するというものです。

徂徠は、仁斎が孔子の『論語』に依拠して古義学を唱えたのに対抗し、『六経』を直接中国語のまま読むべきだと主張しました。自らも物茂《ぶつも》卿《けい》という中国風の名を名乗ったほどです。

ここでは荻生徂徠の生涯を振り返りつつ、彼が打ち立てた古文辞学について見ていきたいと思います。

荻生徂徠は、一六六六年四代将軍徳川家綱《いえつな》の時代、祖父の時代から続く医師の家庭に生を受けました。幼少の頃より読書が好きで、父の英才教育や儒学の塾に通ったおかげで、早くから朱子学の知識を身に付けていたようです。徂徠は一四歳のとき、父が江戸を追放された関係で南総《なんそう》に逃れ、そこで一三年間を過ごします。田舎では一人本を読むしかないので、さらに徂徠の読書熱に拍車がかかるのですが、ここで育《はぐく》まれた読書を重視する姿勢が、古文辞学という文献研究につながったとみることもできるでしょう。

江戸に戻った徂徠は小さな塾を開き、漢文を読む講義を行います。そこで柳沢吉保《やなぎさわよしやす》という大名に能力を見出《みいだ》され、将軍綱吉《つなよし》の経書《けいしょ》講義などにも陪席するようになります。以来、吉保が没するまで儒者として為政に関するアドバイザーを務めます。

この吉保の屋敷に出仕していたとき、徂徠は伊藤仁斎の門人に出会い、それが縁で伊藤仁斎に手紙を書きます。かねてより仁斎の著書を読み、強い関心を持っていたようです。伊藤仁斎もまた、朱子学を批判し、孔子のオリジナルの言葉に学ぶべきだと唱えていた人物です。残念ながら、この時すでに仁斎は病床にあり、結局二人の対面はかないませんでした。しかし、先駆者としての仁斎の思想は、徂徠が乗り越えるべき対象となったようです。

そうして徂徠は、一七一四年、ついに仁斎の学問を厳しく批判する書『蘐園随筆《けんえんずいひつ》』を公刊します。仁斎の思想は、朱子学を批判しつつも、まだその枠内にとどまっているというのです。この書は徂徠の名を天下にとどろかせました。思想のメインストリームを批判し、かつ同時代の大物を叩《たた》いて名を馳《は》せるというのは、実は思想界で鮮烈なデビューを果たすための王道なのですが、うまくいくかどうかは別問題です。でも、徂徠はみごとその王道を行くことに成功したのです。

以来、思想家として有名になった徂徠は、『弁道《べんどう》』や『弁名《べんめい》』などの力作を次々と発表し、時の将軍吉宗《よしむね》からも頼りにされるほどの存在になります。しかし、最後は自らが慕う孔子にならい権力と一定の距離を置き、静かに六三年の生涯を終えました。それでも徂徠の著した書物は中国や朝鮮においても高く評価され、まさに日本の枠を越えたグローバルな学者として東アジアにその足跡を刻み込んだといえます。

そんな偉大な儒学者徂徠の思想は、すでにみたように、まずはメインストリームである朱子学を否定し、さらにそれを否定した当時の偉大な学者伊藤仁斎の思想を批判し、その上に自らの新しい学問体系を築き上げたものだということができます。

たとえば、朱子学では仁《じん》を実現するために孝悌《こうてい》があるとして、両者を次元の異なるものととらえています。これに対して仁斎は、仁をあくまで日常における実践道徳としてとらえ、孝悌イコール仁の実現だと主張するのです。孝悌のような日常の実践道徳こそが道《みち》だというわけです。

　徂徠は、仁斎が仁や孝悌を道徳としてとらえた部分は評価するのですが、それがまだ個人の道徳レベルにとどまっている点を批判します。仁は天下統治の道であり、孝悌は天下全体の秩序だというのです。

　つまり、朱子学では心にそなわる理を原理化しようとするのに対して、仁斎は日常実践道徳こそが道だと主張し、徂徠はその個人道徳を社会全体の道徳にまで広げようとした点が異なるのです。こうした違いは、儒教の本質をどのようにとらえるかという見方の違いに起因するものといっていいでしょう。

　こうして徂徠は、仁や天《てん》といった孔子以来の主要概念に対する理解を一気に覆していったのです。いわばそれは、中国の思想史を塗り替える営みにほかなりませんでした。だからのちに中国でも注目を浴びるほどになるのです。

　徂徠の主要な思想は、円熟期に書かれた『弁道』と『弁名』に表れているといっていいでしょう。『弁道』とは、まさに道とは何かを示したものであり、『弁名』とは七〇ほどの名辞《めいじ》、つまり諸概念について論じたものです。

　では、道とは何か？　『弁道』にはこう書かれています。

「道」とは、知り難く、また言い難い。それが「大」なるものであるためである。後世の儒者たちは、自分が見るところだけを「道」だとしているが、それは「道」の一端にすぎない。そもそも「道」とは、「先王の道」であったはずである。

つまり、道とは知りがたいものであり、それは大なるものだからだというのです。そして道とは先王《せんのう》の道だといいます。道が大なるものだというのは、あらゆるものを包摂した全体であることを意味します。もうそれは何かと対立したり、何かを排除することさえもないのです。たしかにそのような存在を言い表すのは大変難しいことです。

そのうえで、道とは「天地自然の道」ではなく、天下を安んじるために古代中国の先王たちがつくった「先王の道」を指すとしたのです。そして先王は礼楽《れいがく》をつくった人たちなので、必然的に礼楽を重んじる政治論を展開することになります。ちなみに、徂徠のいう先王とは、一人を指すわけではなく、堯《ぎょう》・舜《しゅん》や夏《か》・殷《いん》・周《しゅう》の三つの王朝など幾人もの礼楽の形成に貢献した聖人《せいじん》を指しています。

こうした聖人が偉大なのは、究極的には天の命《めい》を受けているからですが、逆にいうと、天から命を受けたということは、偉大な人物であった証拠なのです。だからこそ範とすべき礼楽をつくることができたのでしょう。

その礼楽とは、もともと儀式と式楽のことなのですが、ここでは政治の秩序を表す言葉として使われています。したがって、先王の道とは、具体的には社会制度や政治技術のことを指していると考えていいでしょう。

では、『弁名』とはいったいどのような書物なのでしょうか。徂徠は物には名前があるといいます。そして普通の物に名前をつけるのは常人だけれども、仁のような形のないものに名前をつけるのは聖人だというのです。そうしてそれはそのまま聖人による教えになるのです。だからまず『六経』の中に道を求め、そこで物を知り、その物の名について秦《しん》や漢《かん》の時代以前の書物を使って分析し、名と物を一致させることが必要だと説くのです。これが古文辞学にほかなりません。古文辞とは、明《みん》の時代にブームになった漢以前の復古文体のことで、徂徠が自らの思想の方法論として取り入れたものです。

たとえば、陰陽《いんよう》という名を考えてみます。聖人は、陰陽を物事の両極として命名しました。これによって人々は、天体の運行や万物の変化などを了解し、生活に活《い》かすことができるようになったというわけです。この生活に活かすという部分が重要です。なぜなら、聖人による命名行為は、あくまで人々のための礼楽を形成するのが目的なのですから。

こうして徂徠の思想は、最終的には自分が考える正しい政治のあり方を提起するところにまで至ります。それが将軍吉宗のために書かれた『政談《せいだん》』でした。そこにはかなり具体的な制度の提案がなされています。

徂徠が嘆く「面々構《めんめんこう》」の改善は、その中でも重要な提案の一つだといっていいでしょう。面々構とは、社会がバラバラになっている状態のことです。当時の江戸には、地元の希薄な人間関係の中で送り込まれてくる奉公人がたくさんいました。それが共同体をバラバラにする原因になっているというのです。

そこで「治ノ根本」に立ち返るべきことを訴えます。治ノ根本とは、戸籍をしっかりと定めて、できるだけ土着化を進めるということです。そのために、農村での負担を軽くしてまで、出稼ぎに来ている者を地元に帰す提案をします。

それだけ共同体の結束を重視したのです。こうすることによって治安もよくなり、経済も安定するからです。儒学は本来、よい政治を行うためのものであったのが、だんだんただの抽象的な道徳に変質してしまいました。徂徠の根本的な問題意識はそこにあったのでしょう。だからこそ、儒学たるものは「経世済民《けいせいさいみん》の学」でなければならないとして、政治経済を道徳から独立させようと試みたのです。ちなみに、経済という言葉はここからきているといわれます。

この時代に早くも実用の意義を説いた徂徠は、近代を先取りしていたのかもしれません。現代の私たちも、思想や哲学を論じる際、とかく抽象的な議論に終始しがちですが、それではいけないのです。それが社会にどう役立つのかということを、常に念頭に置いて考える必要があります。

思想のポイント

思想とは「経世済民の学」でなければならない！

思想の活かし方

荻生徂徠の思想から、思想と実用を結び付けるための思考法を学ぼう！

日本の保守思想の源流

本《もと》居《おり》宣《のり》長《なが》

（1730–1801）

彼レはもはら漢に似るを旨として、其ノ文章をかざれるを、此レは漢にかかはらず、ただ古への語言を失はぬを主とせり。

『古《こ》事《じ》記《き》伝《でん》』

日本を根源から見直すための思考法

本居宣長《もとおりのりなが》は、国学《こくがく》を大成した思想家として知られています。国学とは、仏教や儒教などの外国の思想の影響を受ける以前の日本固有の精神を探究しようとする学問です。江戸時代に、幕府公認の学問として隆盛を誇った儒学に対抗する形で発展していきました。

江戸時代の徳川光圀《みつくに》や契沖《けいちゅう》、あるいは荷田春満《かだのあずままろ》などが最初の国学者とされます。彼らは『万葉集《まんようしゅう》』をはじめとした和歌を研究することで、日本古来の精神を発見しようと努めました。東京の神田《かんだ》神社に「国学発祥の地」の碑がありますが、これは荷田春満の滞在を記念したものです。その春満の弟子が賀茂真淵《かものまぶち》でした。

賀茂真淵は、本居宣長に強く影響を与えた人物です。ただ、実際に宣長が真淵に会ったのはたった一度だけです。普段宣長は、伊勢《いせ》の松坂《まつさか》で本業の医者をしていました。そんなある日、江戸から真淵がやってきて松坂に宿泊した際、一夜だけ面会して心行くまで話をしたといいます。そして真淵のできなかった『古事記』研究を託されたのです。この史実は「松坂の一夜」として非常に有名なものです。一度教えを受けただけでも師弟関係が成り立ちうることの象徴として、今でも言及されることがあります。

こうして真淵の弟子を自認した宣長は、実際に三五年もの長きを費やし、『古事記伝《こじきでん》』四四巻を完成させます。『古事記』の中で展開する神々の世界こそ、諸外国にはない日本の優れた点であるとして称揚したのです。ここでは、そんな宣長の生涯を簡単に振り返りつつ、彼の大成した国学の本質に迫りたいと思います。

本居宣長は、八代将軍徳川吉宗の時代に、先ほど出てきた伊勢の松坂にて生を受けます。幼少期より読書好きで、かなりの量の、しかも様々な種類の本を読んでいたようです。その中には当然当時の教養であった儒学も含まれていましたし、また和歌に興味を持っていたようです。さらに、伊勢神宮に近いこともあって、早くから神道にも関心を寄せていました。二三歳のとき、宣長は医学を学ぶために京都に遊学します。ここで和歌の勉強をする中で契沖の著書に出会うのです。そうして次第に国学への関心を高めていきます。

松坂に戻った宣長は、町医者として生計を立てる傍ら、学業に勤《いそ》しみます。当時民間で学問を修める者は本業があるのが当たり前だったとはいえ、その状況で思想家として偉業を成し遂げた点については、同じ思想を生業《なりわい》とする者として敬意を表さざるを得ません。しかも彼は、自宅で鈴屋《すずのや》という学塾を開き、死に至るまで四〇年以上講義を続けたのです。

宣長が生涯師と仰ぐことになる賀茂真淵の著作に出会ったのは、松坂でこのような生活を送っていたときのことです。以来、心から惹《ひ》かれていったようです。その矢先、すでに紹介した松坂の一夜という千載一遇のチャンスをとらえ、見事人生のターニングポイントとすることに成功したのです。

それでは、本居宣長の思想について見ていきましょう。宣長はそれ以前の国学の基本的な流れに即して、日本の思想が優れたものであることを示そうとしました。そこでまず、「漢意《からごころ》」を排除するべきだと主張したのです。そのうえで「大和心《やまとごころ》」の意義を説きました。大和心とは、偽りのない対象に共感する心であって、「真心《まことのこころ》」とも呼ばれます。

宣長は、『万葉集』を中心とした古歌の心を「真心」として理解しました。そこには利欲を含めた人間の生まれながらの自然の情があるといいます。だからこそ、『古今和歌集』に代表される女性的でやさしい歌風「たをやめぶり」について、感情の自然な発露であるとして重視したのです。

その自然な感情を訴える宣長の思想がもっとも表れているのが、「もののあはれ」論です。「もののあはれ」とは、『源氏物語』に見られるような、あるものに直面した際生じる人間の純粋な感情をいいます。「もののあはれ」の「もの」とは、対象としての物を意味しています。そして「あはれ」というのは、「ああ」「はれ」という嘆きの声を重ねた言葉です。つまり、「もののあはれ」とは、物のことを知るという知性と、感嘆としての感性が同時に働いている状態にほかならないのです。

この状態こそ、人間らしさの表れなのです。人間が本来もつ情感にさからうことなく、素直に従うことによってはじめて、人間らしい生き方ができるというわけです。宣長によると、「もののあはれ」を知る人こそ、人の悲しみに同情し、共感できる人なのです。彼はそういう人を「心ある人」といって高く評価しました。

私もよく経験するのですが、たしかに同じものを見ても、出身国によって人々の反応は様々に異なります。一ついえるのは、日本人が一番敏感だということです。それだけ繊細なのかもしれません。せっかく私たちは、そんな「もののあはれ」がわかる貴重な人種なのですから、どんな分野でもその利点を生かさない手はありません。

いずれにしても、宣長に限らず、国学は和歌や物語の分析を中心に進められてきたといえます。そして自ら和歌を詠《よ》むことが奨励されました。これは国学にとって最重要課題であったといってもいいでしょう。実際宣長は、国学の手引きといってもいい『うひ山《やま》ぶみ』の中で、次のようにいっています。

すべて人はかならず歌をよむべきものなる内にも、学問をする者はなほさらよまではかなはぬわざ也、歌をよまでは古への世のくはしき意、風雅のおもむきはしりがたし。

つまり、国学という学問をするにあたっては、自ら歌を詠まないことには古い時代の人々の心や風雅はわからないということです。その本質は「雅《みやび》」と表現されるものです。歌を詠む際、風体《ふうてい》としての雅を実現することが大事で、そのためには『古今和歌集』や『源氏物語』に親しまなければならないといいます。真似をすることで、そのうち体得できるようになると考えるからです。

そういえば、私も大学院で哲学書を読んでいるだけの頃は、なかなか哲学の神髄を理解することができなかったのですが、自分自身が市民と共に哲学をするようになってはじめて、本当の意味での哲学の意義がわかったような気がしたのを覚えています。もちろん宣長のいうように、それができるようになるまでには相当の量の哲学書を読み込む必要があったわけですが。

さて、こうした文芸の本質を説く段階を経て、いよいよ宣長はライフワークとなる『古事記伝』に取り掛かります。これはいわば本居宣長による『古事記』の注釈書です。注釈といっても、そこには宣長の神や世界についての見解がふんだんに述べられています。師である賀茂真淵に託され、四四巻にもわたる大著として書きあげられた『古事記伝』こそ、彼の主著といっていいでしょう。

この本の趣旨は、一言でいうと、『日本書紀』に対する『古事記』の優位性を示すことで、当時強い影響のあった中国に対する日本の独自性を主張する点にありました。そのことは、第一巻で語られているこの作品の序文でありかつエッセンスともいうべき「直毘霊《なおびのみたま》」という一篇から明らかです。宣長は、日本が天照大神《あまてらすおおみかみ》以来皇統《こうとう》を永続させているとして、易姓革命《えきせいかくめい》を繰り返してきた中国に対する自国の卓越性を論じようとしたのです。つまり、中国と異なり革命など不要なのは、天照大神の存在のおかげだというわけです。

どこの世界にも伝統を重んじる保守思想、保守主義と呼ばれる立場がありますが、日本の場合、それがこの国の成立とともに脈々と続いてきた天皇制を重視する思想であることは明らかです。その意味では、宣長の思想は、日本の保守思想の源流であるということもできるのではないでしょうか。

初めこの「直毘霊」は独立した本として発表されたため、儒学から大きな反論がありました。そこで、自分の説にさらに説得性をもたせるべく、宣長は儒学的に解釈された『日本書紀』の精神を漢意だと批判し、むしろ古《いにしえ》の真実を言葉に忠実に明らかにしていきます。だからこそ、本来皇大御国《すめらおおみくに》の正史として編纂《へんさん》されたはずの『日本書紀』ではなく、『古事記』を最上の史典として選択したのです。

つまり宣長が重視したのは、漢字とは異なる『古事記』の中に表れている口誦《こうしょう》の言葉、「やまとことば」にほかなりません。その意味で『古事記伝』は、「やまとことば」という民族言語の確立にも大きく貢献したといえます。『古事記伝』一之《の》巻「総論」には、次のようにあります。

誠に書紀は、事を記さるること広く、はた其年月日などまで詳にて、不足ことなき史なれば、此記の及ばざることも多きは、云フもさらなり、然はあれども又、此記の優れる事をいはむには、先ッ上ッ代に書籍と云フ物なくして、ただ人の口に言ヒ伝へたらむ事は、必ズ書紀の文の如くに非ずて、此記の詞のごとくにぞ有けむ。彼レはもはら漢に似るを旨として、其ノ文章をかざれるを、此レは漢にかかはらず、ただ古への語言を失はぬを主とせり。

まさにここに書かれているとおりですが、『日本書紀』は内容の充実ぶりや詳しさにかけては『古事記』より優れているけれども、古代には本などなかったのだから、口で伝えられていたはずであり、それは『古事記』にある表記のようなものだったはずだということです。そして『日本書紀』は漢文で書かれているのに対して、『古事記』は古代の言葉をそのまま反映しているというわけです。

また言語表記にとどまらず、『古事記伝』は、それまで『日本書紀』中心に形成されてきた既存の神道の世界に対しても、挑戦状を叩《たた》き付けたことになります。というのも、『日本書紀』ではクニトコタチを中心に神の世界をとらえてきたのに対して、宣長は『古事記』の文献に忠実にアメノミナカヌシ中心主義を唱えたからです。

宣長は日本古来の神の本当の姿を明らかにしたかったのでしょう。その意味では、『古事記』に描かれた神は本当の神であるとしても、その解釈が間違っていれば、正しく理解されません。宣長がこの本で目指したのは、間違った読み、つまり漢意に基づく読みを排して、神を正しく理解するということでもあったのです。

言い換えるとそれは、神の国日本の正しい出自を問い直す営みにほかなりませんでした。宣長は、そのためにこそ『古事記』が書かれたと確信していたのです。正しい史実を伝える必要があったのだと。

こうして『古事記伝』は、その後の時代の国学者たちに大きな影響を与え、今なお日本の固有性に言及する際、分野を問わず必ず参照されるべき古典となっています。それはともかく、この書が日本というものを根源から見直したお手本としてとらえられているからでしょう。本居宣長という思想家は、ある意味、日本で初めて本当の日本の姿をとらえた人物であったといっても過言ではないように思えてなりません。

思想のポイント

古典の中に日本の真の姿が表現されている！

思想の活かし方

本居宣長の思想から、日本を根源から見直すための思考法を学ぼう！

平等な社会実現のために命を懸けた革命家

北《きた》一輝《いっき》

(*1883-1937*)

即ち原始的無意識の如くなら
ず、国家が明確なる意識に於て
国家自身の目的と利益の為め
に統治するに至りし者にして、
目的の存する所利益の
帰属する所として国家が
主権の本体となりしなり。
此れを「公民国家」
と名けて現今の国体とすべし。

『国体論及び純正社会主義《じゅんせいしゃかいしゅぎ》』

社会を劇的に変えるための思考法

明治から戦前にかけての日本は、国家としての礎が築かれたと同時に、政治思想としてのナショナリズムが形成されていった時期だといっていいでしょう。これは大きな枠組みの中でとらえると、戦争を契機に高まった西洋思想への反動とみることができます。とりわけそれが明確な思想という形をとって盛んに論じられたのは、一九二五年の治安維持法成立後、一九四五年に日本がポツダム宣言を受け入れるまでの約二〇年といっていいでしょう。

ここでは、一九三〇年代に大川周明《おおかわしゅうめい》とともに議論をリードした北一輝《きたいっき》に着目したいと思います。まずは北の生涯を振り返ります。北一輝は、一八八三年、新潟県佐渡《さど》市の酒造業を営む家庭に生を受けます。目の病気を患い学校を退学すると、上京して社会主義に関心を持ち始めます。

日露《にちろ》戦争の頃から国家の存在を意識するようになり、とりわけ国家における国民と天皇の関係に着目します。そうして弱冠二四歳で大著『国体論及び純正社会主義《じゅんせいしゃかいしゅぎ》』を自費出版します。そこで彼は、天皇と国民がともに国家のために行動する「公民国家《こうみんこっか》」を理想の国体として掲げました。これに対して、一部の人間が私的に支配する国家を「家長国《かちょうこく》」と呼んで非難したのです。

また北は、「維新革命の本義は実に民主主義に在り」として、明治維新を革命として位置づけます。ところが、実際には民主主義《みんしゅしゅぎ》どころか、一部の政治家が国家を支配している。だからさらに革命が必要だと説いたわけです。この時北が唱えた革命は、普通選挙を実施するという穏健的なものだったのですが、この本は危険思想扱いされ、即発禁処分になります。

その後北は、中国の革命家を支援していた宮崎滔天《みやざきとうてん》と交流を持ち、中国に渡って辛亥革命《しんがいかくめい》に加わります。そして中国で執筆した原稿をもとに、『日本改造法案大綱』をまとめます。もはやそれは普通選挙をあきらめ、クーデターによる軍事革命を説くものへと過激化していました。もっとも、北が目指したのはあくまで平等な社会の実現であって、そのために命を懸けた革命家であったということができるでしょう。

結局クーデターを実行したのは、青年将校たちでした。いわゆる二・二六事件です。北はその主導者とみなされ、死刑判決を下されてしまいます。この時獄中で彼が詠んだ有名な句が、「若殿に兜とられて敗け戦」です。天皇のために決起したのに、その天皇に軍を向けられ負けてしまったという無念を表現したものです。五四年の生涯でした。

そんな北の思想については、『国体論及び純正社会主義』から見ていくのがいいでしょう。先ほども紹介したように、この本は天皇と国民がともに国家のために行動する「公民国家」

の実現を提案するものです。これについて北は、次のように説明しています。

今日は民主国と云ひ君主国と云ふも決して中世の如く君主の所有物として国土及び国民を相続贈与し若しくは恣に殺傷し得べきに非らず、君主をも国家の一員として包含せるを以て法律上の人格なることは論なく、従て君主は中世の如く国家の外に立ちて国家を所有する家長にあらず国家の一員として機関たることは明かなり。即ち原始的無意識の如くならず、国家が明確なる意識に於て国家自身の目的と利益の為めに統治するに至りし者にして、目的の存する所利益の帰属する所として国家が主権の本体となりしなり。此れを「公民国家」と名けて現今の国体とすべし。

つまり、中世とは異なり、国家はもはや君主の所有物ではないというのです。したがって、君主は国家の一員、国家の機関として、同じく国家の機関である国民とともに国家を統治することになります。そのような国家を「公民国家」と呼んだのです。これに対置されるのが、君主が国家を所有する家長国にほかなりません。北は、当時の日本がそうした家長国の状態にあることを指摘し、批判しようとしたわけです。

明治体制下の日本にあって、こうした国体論は明らかに不敬罪に当たるものでした。その意味で、北は自分の身が危険にさらされるのを十分覚悟していたといえます。にもかかわらず、あえてお金まで出して、この本の出版を断行したのです。しかし、それだけ中身に自信があったのでしょう。実際、彼のこの著作は高い評価を受け、北一輝の名声はたちまち広がりました。

もちろん批判者も多くいましたが、社会主義者からは歓迎されました。自分たちの強力な仲間が出てきたと思われたのでしょう。しかし、皮肉なことに、実際には北の掲げる純正社会主義は、既存の社会主義を批判するものでした。純正社会主義とは、国家社会主義《こっかしゃかいしゅぎ》がまだ論理不十分で具体性を欠いているので、国家によって経済的平等を実現し、その弱点を克服していかなければならないという意味だったのです。そのために北が求めた革命は、意外にも普通選挙でした。北は次のように書いています。

胎児は実現さるべき理想として完全に作られたり。胎児は母体の中に躍る。殆ど呱々の声を聴く。腹を破らんとす。只産科医の来るを待つのみ。—普通選挙権は斯くの如くにして要求さるべしとす。

ここでは革命としての普通選挙権が胎児に喩《たと》えられ、母体の中で成熟し、今や産科医の来るのを待つばかりとされています。維新革命《いしんかくめい》としての明治維新を完遂するには、普通選挙を実現すれば足りると考えていたからです。このように、この時点での北はただまっとうな理想を掲げただけでしたが、『国体論及び純正社会主義』は出版からわずか五日で発禁処分を受けてしまいます。そして社会主義者からも国家主義者からも正当な評価を受けることができず、孤立するのです。そんななか、宮崎滔天らが所属していた革命評論社《かくめいひょうろんしゃ》という団体に身を寄せ、中国革命に目を向けるようになります。

そこでまず北が著したのが、『支那革命外史《しなかくめいがいし》』でした。この著作は、タイトルにあるとおり、中国革命史の優れた解説書であると同時に、大隈《おおくま》内閣に対して中国革命の意義を説き、日本外交の問題点を暴き立てる鋭い内容のものでした。ここで私が注目したいのは、日本思想が中国革命に大きな影響を与えたとする北の論法です。彼は次のようにいっています。

不肖は少くとも此の一点に於ては十分の信念を以て答ふ。曰く支那の革命は太平洋の遥なる雲間より来らずして対岸の島国、実に我が日本の思想が其の十中の八九までの原因を為せるなりと。隣国を革命党の策源地と視革命の扇動者なりと猜するは固より当らずと雖も、日本は爾が与へたる思想に対して責任と栄誉とを感ずべし。

つまり、中国革命は日本の思想に影響を受けており、日本はそのことに責任と同時に栄誉を感じなければならないというのです。にもかかわらず、日本人はそのことを自覚していないことを嘆きます。それではまるで、イギリスの思想がフランス革命に大きな影響を与えておきながら、イギリス人がそのことを自覚していないのと同じ過ちを繰り返すことになると。

ここから北は、日本にも革命を起こすだけの潜在性があることを自覚するようになります。支援していた中国の革命家宋教仁《そうきょうじん》が暗殺されると、北は武力による革命の必要性を認識します。そうして過激化していった北は、もはや普通選挙をあきらめ、クーデターを画策するようになるのです。そのパンフレットとしてしたためられたのが、『日本改造法案大綱』でした。最初この本は『国家改造案原理大綱』という形で、盟友となる大川周明に託されます。そして秘密裏に頒布されたのです。しかし、当局の目を逃れることはできませんでした。北がそれほど危険視されていた証拠です。それは、検閲の後かなりの行を削除された『日本改造法案大綱』と、その原型である『国家改造案原理大綱』とを比較してみるとよくわかると思います。

『国家改造法案大綱』の冒頭、巻一「国民ノ天皇」はいきなり本文削除、続く四つの註《ちゅう》も削除され、ようやく天皇が国民の総代表であることが無難に宣言されています。そしてまた削除が続きます。この同じ部分を『国家改造案原理大綱』で見てみると、最初に削除された文章は、次のようになっています。

憲法停止―天皇は全日本国民と共に国家改造の根基を定めんが為めに天皇大権の発動によりて三年間憲法を停止し両院を解散し全国に戒厳令を布く。

これはまさにクーデターの宣言です。そして続く註には、実際にクーデターに関する具体的な内容や決め事が記されています。これらが丸々削除されているわけです。そして実際に、これに影響を受けた一部の陸軍青年将校らが、一九三六年二月二六日、約一五〇〇名の下士官兵を率いてクーデターを起こそうとしたのです。先述の二・二六事件です。彼らは大臣を襲撃し、官公庁を占拠した後、昭和天皇に昭和維新を訴えました。

しかし、天皇はこれを拒否し、彼らを反乱軍として武力鎮圧することを決意します。こうしてクーデターは未遂に終わります。北一輝は、この事件の理論的指導者として逮捕され、民間人であるにもかかわらず軍法会議《ぐんぽうかいぎ》にかけられます。そして銃殺刑に処されてしまうのです。

北一輝の思想は理解しにくいといわれますが、国家社会主義の名のもとに、彼が平等な社会の実現を目指していたことだけはたしかです。天皇とともにそんな理想を実現しようと目《もく》論《ろ》んでいたのです。北の描いた理想は時代の荒波の中で潰《つい》えてしまいましたが、未《いま》だ果たせぬ夢として、それは現代日本にも重くのしかかっているといえるでしょう。

思想のポイント

国家によって経済的平等を実現し、その弱点を克服していかなければならない！

思想の活かし方

北一輝の思想から、社会を劇的に変えるための思考法を学ぼう！

日本の市民社会の父

丸《まる》山《やま》眞《まさ》男《お》

(1914-1996)

近代日本のダイナミックな「躍進」の背景には、たしかにこうした「する」価値への転換が作用していたことはうたがいないことです。

『日本の思想』

日本を西洋と比較するための思考法

「戦後民主主義のチャンピオン」と称された政治学者、あるいは思想史家、丸山眞男《まるやままさお》。もともと丸山は西欧の政治思想を研究していたのですが、師匠の南原繁《なんばらしげる》の勧めもあって、日本の政治思想にシフトしていきます。丸山が一般に認知されるようになったきっかけは、実は一九四六年五月号の雑誌『世界』における論文「超国家主義の論理と心理」であったといえます。以来、アカデミズムの枠にとらわれず、論壇で、あるいは市民社会の現場で、戦後日本の思想を牽引《けんいん》し続けました。

まずはそんな丸山の生涯を簡単に振り返ってみましょう。丸山眞男は、一九一四年、高名なジャーナリストの次男として大阪に生を受けます。そして第一高等学校、東京帝国大学とエリート街道を順調に歩んだのち、東京帝国大学法学部に職を得ます。しかし、戦時下であったため、助教授の身分でありながら徴兵されてしまいます。その際、理不尽な扱いを受けたのがきっかけで、ファシズムに抵抗を示すようになります。

そうした経験がもとで、戦後は、単に象牙《ぞうげ》の塔にこもるだけでなく、様々なメディアを通じて、また市民との対話を通して民主主義の意義を説き続けました。だからこそ全共闘《ぜんきょうとう》に標的にされ、東京大学の研究室を占拠されても、決して屈することはなかったのです。その時彼が発したとされる「私は君たちを恨んだりはしない、軽蔑《けいべつ》するだけだ」という有名なセリフには、単に丸山のエリーティズムだけでなく、戦後民主主義へのゆるぎない信念のようなものが垣間見《かいまみ》えます。とはいえ、この時の心労がたたり、病気のため東大を早期退職することになります。晩年は思想家として旺盛《おうせい》な言論活動を行い、八二年の生涯を閉じました。

丸山の日本思想に関しては、最初に大著『日本政治思想史研究』を押さえておく必要があるでしょう。ここでは、徳川期の御用学問たる朱子学が変質を経て荻生徂徠に至って解体する様、そこから本居宣長の国学が誕生し、その延長線上に江戸期において、明治以降の国民《こくみん》国家《こっか》成立の準備段階ともいえる国民意識が形成されていった点が論じられています。

その主張を一言で表現するなら、近代的人格確立の芽が、西欧だけでなく江戸期の思想にもあったということではないでしょうか。つまり、徂徠から宣長へと至る系譜の中に、個人のありのままの心情の解放、あるいは人間の力による秩序の作為といった近代的契機が、すでに内包されていたというのです。

次に押さえておかなければならないのは、先ほど少し触れた『世界』における論文、「超国家主義の論理と心理」です。ここで丸山は、ヨーロッパと日本を比較し、権力追求の根拠をあくまで自己に求めるドイツナチズムとは異なり、日本社会が上からの抑圧を下にむかって爆発させる「抑圧《よくあつ》の移譲《いじよう》」という特徴を持っていることを指摘しました。そしてその特徴を天皇制にあてはめ、「天皇を長とする権威のヒエラルキー」と表現したのです。

したがって、終戦をもって日本国民は、「超国家主義の全体系たる国体がその絶対性を喪失し今や始めて自由なる主体」となり、その手に運命が委《ゆだ》ねられたのだと論じています。丸山は、権威のヒエラルキーの中で、誰も自らの行動に責任をとろうとしなかった日本ファシズムの問題を「無《む》責任《せきにん》の体系《たいけい》」と結論付けています。つまり、今や一人ひとりの国民が責任を持って政治にかかわるべきことを訴えたのです。

そこで丸山は、戦後民主主義の一つの方向性として、国家から独立した中間団体が拮抗《きっこう》し合う市民社会に可能性を見出します。この場合の市民社会は市場《しじょう》を意味するものではなく、自発的組織を中心とする多元的な社会を意味しています。

だからといって、丸山が積極的に今日の市民社会のようなものをオルターナティブ（代替物）として手放しで称賛していたかというと、必ずしもそうではありません。おそらくそこには時代の制約もあったのでしょうが、明らかに丸山は、西欧社会に見られるような「民主主義の名におけるファシズム」を警戒していました。ドイツやイタリアで起こった市民の支持に基づく全体主義《ぜんたいしゅぎ》のことです。

そうした市民社会の評価に対する両義性は見られるものの、丸山が日本の市民社会の父であることは間違いないでしょう。では、日本においてはどうして市民が主役になれなかったのか？　つまり、西洋のように革命が起きなかったのはなぜなのでしょうか。そのことを明らかにするためには、丸山眞男が「執拗低音《しつようていおん》」あるいは「バッソ・オスティナート」と表現した日本思想の本質を検討する必要があります。

有史以来の日本哲学あるいは日本思想というのは、なかなか一本の基本線の上にきれいに並べることのできるような代物ではありません。仏教や神道から儒教を経て、西洋思想の受容に至るまで、まったく異なる思想が同じ国の中でコロコロと変遷していくのですから。しかし、同じ国で同じ国民が考えや文化をリレーしていった事実に鑑《かんが》みるなら、そこには何らかの共通点が見出せるはずだと思うのです。

丸山眞男はそれを「執拗低音」と表現することで、外来思想を受容するメカニズムを明らかにしました。日本思想の本質のようなものが常に基底に響いており、そこにあたかも外来思想の音階がハーモニーとして混ざり合うようなイメージでとらえたのです。このようにとらえれば、たしかにそこに一本の基本線を見出すことができます。だからこそ彼は日本思想史を書き得たのです。これは思想に限らず、日本文化や日本社会の特徴をうまくとらえることのできる思考ツールだといえます。

丸山はこの発想を前提に、「政事《まつりごと》の構造」という講演を元にした論文の中で、日本思想に横たわる政治意識の執拗低音を明らかにしています。彼はまず、日本の政治システムにおいては、天皇に代表される正統性の所在と、大臣に代表される政策決定の所在が截然《せつぜん》と分離されている事実を指摘します。それを「政事」、つまり日本の政治の執拗低音として把握するのです。そのうえで、次のような仮説を立てます。

正統性のレヴェルと決定のレヴェルとの分離という基本パターンから、一方では実権の下降化傾向、他方では実権の身内化傾向が派生的なパターンとして生れ、それが、律令制の変質過程にも幕府政治の変質過程にも、くりかえし幾重にも再生産される、というわば自然的な傾向性があり、それが日本政治の執拗低音をなしている。

ここでいわれている実権の下降化傾向とは、決定者が臣下へ、またその臣下へと下降していく傾向のことを指しています。また、実権の身内化傾向とは、実際の決定が本人ではなく、その側近や後見人に委ねられていく傾向を指しています。たとえば摂関政治や院政のように。もともと摂政や関白というのは、天皇が幼い時などにそれを補佐するアドバイザーにすぎません。ところが、平安時代の藤原《ふじわら》氏のようにそれがいつまでも実権を持ち、実際の決定を行っていくわけです。院政も同じで、白河《しらかわ》上皇などは天皇を引退しながらも、政治の実権を握っていました。

つまり、日本の政治においては、正統性の所在と政策決定の所在が分離され、その各々について何重にも実権の身内化及び下降化が生じているのです。かくして丸山は、まさにこの原理ゆえに日本には革命が起こらないのだと主張します。たとえ政変があっても、正統性のローカス（中心）自体は動かない点をとらえて、革命は起こっていないと見ることができるというのです。この場合の正統性は天皇ととらえていいでしょう。たしかに政変があっても、これまで天皇制が廃止されたことは一度もありません。

そして、その「革命不在の代役をつとめているのが、「実質的決定者の不断の下降化傾向」だというのです。いわば革命の代わりに、秀吉《ひでよし》のような関白太政大臣《だじょうだいじん》や家康《いえやす》のような将軍、あるいは明治以降の総理大臣といった「臣下」が、実権を握ってきたというわけです。

したがって、丸山の仮説によると、日本において革命が起きなかったのは、そもそも正統性と決定の分離があったからだということができるでしょう。丸山も指摘していますが、中国の皇帝や西洋の絶対君主の場合、両者が截然と分離されていません。中国や西洋では皇帝や君主のもとに直接行政各省が隷属しているというのです。その意味で、たしかにこれは他国の絶対君主制にはない特徴なので、日本にだけ真の意味での革命がなかった原因として挙げることができるでしょう。

かくして日本人は、自分で政治を変えることができるという意識を持てなくなってしまったのです。これを図式的にわかりやすく説明したのが『日本の思想』です。この本の中で丸山は、まず明治になって形成された日本独自の政治概念である国体について糾弾します。

国体とは、天皇を中心とした帝国憲法体制における国家統治のあり方のことですが、この内容が非常に曖昧《あいまい》であることによって、逆に絶大な権威を帯びていたというのです。つまり、曖昧であるがゆえに、輔弼《ほひつ》という形で周囲の人間が天皇の意志を勝手に推し量って物事を進めていくという無責任な体制が構築されたとの指摘です。しかもそれが末端の市民社会に至るまで影響を受けているというのです。

そこで丸山は、一人ひとりの個人が自立し、主体的に社会に参加していくべきだと訴えました。そのことを「である」から「する」という原理への転換として描きます。丸山の表現を見てみましょう。

近代日本のダイナミックな「躍進」の背景には、たしかにこうした「する」価値への転換が作用していたことはうたがいないことです。けれども同時に、日本の近代の「宿命的」な混乱は、一方で「する」価値が猛烈な勢いで滲透しながら、他方では強じんに「である」価値が根をはり、そのうえ、「する」原理をたてまえとする組織が、しばしば

「である」社会のモラルによってセメント化されて来たところに発しているわけなのです。

つまり、「である」とは、いわば前近代社会における固定化された人間関係を基礎とする道徳のことです。しかし、近代社会のように物事が変化発展するような環境においては、そのような受動的な道徳では対応できないというのです。だからこそ「する」という能動的な道徳が求められるわけです。

ちなみに丸山は、この本の中で、学問のあり方についても二つの型に分けて説明しています。つまり、西洋社会において、それぞれの専門分野が根底の部分で他の分野と交流している様を「ササラ型」と呼び、これに対して日本社会において、それぞれの専門分野が個別の領域に閉じこもることで他の分野と交流がない様を「タコツボ型」と名付けたのです。そのうえで、このタコツボ型の閉鎖性を克服することが、近代社会の課題だと主張しました。

このように丸山は、日本思想史の研究成果をふまえたうえで、日本の問題点を鋭くえぐり出し、そこに欠けているものとして西洋の思想を導入するよう呼びかけたのです。戦後民主主義という課題は、まさにそうした性質のものであったように思います。もちろん、市民社会の形成もままならない現代社会にとって、丸山の問題提起は、いまだ宿題として積み残されたままであるといわざるを得ないでしょう。

思想のポイント

一人ひとりの個人が自立し、主体的に社会に参加していくべき！

思想の活かし方

丸山眞男の思想から、西洋と対比した際に浮かび上がる日本の問題点を探る思考法を学ぼう！

戦後民主主義のカリスマ的理論家

吉本《よしもと》隆明《たかあき》

(1924-2012)

ここで共同幻想というのは、
おおざっぱにいえば
個体としての人間の
心的な世界と心的な世界が
つくりだした以外の
すべての観念世界を
意味している。

『共同幻想論《きょうどうげんそうろん》』

愚直さを貫く思考

戦後最大の思想家と称される吉本隆明《よしもとたかあき》。在野を貫いたことで、吉本信者とも称されるファンが今なおたくさんいます。もともとは理系の出身なのですが、詩に興味を持ち、またプロレタリア文学などにも傾倒していく中で、徐々に言論活動を展開していきました。

吉本の基本スタンスは、大衆の生活意識からかけ離れた支配的イデオロギーを敵として、批判を展開する点にあります。つまり、常に生活者の立場に立って、国家権力や知識人を相手に論争を行ってきたのです。かくして吉本は、戦後民主主義のカリスマ的理論家としての名を不動のものにしていきます。

彼をもっとも有名にしたのは『共同幻想論《きょうどうげんそうろん》』でしょう。ここで吉本は、国家という存在が国民によって共同に抱かれた幻想、つまりフィクションにすぎないことを指摘します。そしてそれを相対化することを訴えたのです。

その後も吉本は、八〇年代にはファッションを、九〇年代にはオウム事件をといったように時代に即した論争を積極的に展開し、戦後最大の在野の思想家という呼び名にふさわしく、最後まで声を上げ続けました。

まずは吉本の生涯を振り返りながら、彼の膨大な思想の一端を考察してみたいと思います。吉本隆明は、一九二四年、東京市月島《つきしま》の船大工の家に生を受けます。青春時代から本格的に詩作を始めています。一九四五年に東京工業大学に進学し、卒業後は町工場で働きますが、労働組合運動で職場を追われます。それでも一九五四年に詩で新人賞を受賞し、詩作を続ける傍ら、評論活動を展開します。六〇年安保の際には全学連《ぜんがくれん》に肩入れし、逮捕までされています。一九六八年には、著作集の刊行を開始すると同時に、当時の吉本の思想を代表するといってもいい『共同幻想論』が発表され話題になります。

八〇年代に入ると、消費社会を論じた『ハイ・イメージ論』や『マス・イメージ論』を発表し、サブカルチャーを含め関心分野を広げていきます。九〇年代には、特にオウム真理教《しんりきょう》の擁護者であるかのようにみなされ、批判されました。しかし、屈することなく言論活動を続け、その後も社会に大きな出来事が起こるたびに、声を上げました。八七歳で亡くなるまで思想家として活躍した巨人であったといっていいでしょう。

以上のように、いくつかの変遷はあるものの、やはり第一に新左翼《しんさよく》を代表する理論家としての吉本に着目する必要があるでしょう。吉本は、安保闘争の果てに、その総括の書として出した論文「擬制《ぎせい》の終焉《しゅうえん》」において、共産党の前衛思想《ぜんえいしそう》に対して厳しい批判を展開しました。決して日本社会に根付いているとはいえない民主主義や市民社会といった概念を、無理やり押し付けようとする姿勢に異議を唱えたのです。

そして返す刀で、丸山眞男が前提とするような西欧近代の国家もまた擬制にすぎないと批判したのです。そうではなくて、むしろその根底にある幻想の共同性に目を向けるべきだと主張するのです。というのも、国家というのは、もともと民俗的な伝統に基づく幻想の共同体として発展してきたものだからです。

したがって、人々の意識が太古からの民俗的・宗教的心性や生活様式に根差している限り、マルクス主義のような理論による解放を目指しても無駄だというわけです。それが彼の代表作『共同幻想論』のモチーフであるといえます。この本は『古事記』や柳田國男《やなぎたくにお》の『遠野物語《とおのものがたり》』を参照しつつ、古代世界における共同幻想の生成、王朝の成立について論じたものですが、その背景には吉本の国家観の本質が横たわっているといえます。そもそも共同幻想とは何かということですが、これについて吉本は、『共同幻想論』の冒頭でこう説明しています。


ここで共同幻想というのは、おおざっぱにいえば個体としての人間の心的な世界と心的な世界がつくりだした以外のすべての観念世界を意味している。いいかえれば人間が個体としてではなく、なんらかの共同性としてこの世界と関係する観念の在り方のことを指している。

つまり、共同幻想とは、現実の国家を指すわけではなく、人々が共同に抱いている国家に対するイメージを指しているわけです。吉本自身は、国家は共同幻想の一つの態様にすぎないといっていますが。いずれにしても、そんな幻想が私たちの国家観の根底に横たわっているというのです。そしてこの共同幻想ゆえに、人々は真の意味での革命を望みません。古代王朝以来の幻想の共同体と一体化している大衆は、その幻想なしには生きていけないからです。

では、いったいどうすればいいのか？　ここで吉本は、徹底的に大衆に寄り添うという戦略をとります。これが彼の在野の思想家としての特徴であり、人気の秘訣《ひけつ》でもあります。全共闘の学生を蔑《さげす》んだ知識人丸山とは対照的に、むしろ知識人が「大衆の原像」を繰り込むべきことを提唱するのです。これについて吉本は、『自立の思想的拠点』の中で次のようにいっています。

丸山眞男がとっている思考法のなかに刻印されているのは、どんな前進的な姿勢でもなく、じつは、知識人の思想的課題であり、また戦争があたえた最大の教訓である「大衆の原像をたえず自己思想のなかに繰り込む」という課題を放棄して、知的にあるいは知的政治集団として閉じられてしまうという戦前期の様式に復古しつつある姿勢なのだ。

つまり、大衆の原像というのは、日々の生活を懸命に生きる普通の人たちをモデルとした理念型であって、知識人の対極にあるものなのです。それゆえ知識人は、常に平均的な生活者の存在を念頭において言葉を発せよと呼びかけるのです。

それにしても、なぜ吉本はここまで大衆に肩入れしようとするのでしょうか。おそらくそれは、知識人の象徴である丸山眞男がルサンチマンだと斬《き》って捨てたような単純な動機に基づくものでは決してなく、本来は大衆こそが主役のはずだという深い洞察に基づいているに違いありません。その証拠に、吉本はナショナリズムについて論じた論考「日本のナショナリズム」において、大衆の意義について次のように論じています。

このようにして、大衆のナショナルな体験と、大衆によって把握された日本の「ナショナリズム」は、再現不可能性のなかに実相があるものと見做される。このことは、大衆がそれ自体としては、すべての時代をつうじて歴史を動かす動因《どういん》であったにもかかわらず、歴史そのもののなかに虚像として以外に登場しえない所以であるということができよう。

ここにあるように、大衆はすべての時代を通じて、歴史を動かす動因だったのです。にもかかわらず、その存在が支配者の陰に隠されてしまっている。吉本がやろうとしたのは、そうした事実を暴き出すと同時に、大衆を本来の主役の座に祭り上げることではなかったのでしょうか。

こうして吉本は、イデオロギーの時代にあって、常に大衆の側に立つという戦略をとり、それによってまさに大衆からの支持を得てきました。ところが、イデオロギーの終焉とともに、大衆は姿を消し、八〇年代になるとやがて消費者へと変質していきます。八〇年代するとと吉本もまたそれに歩調を合わせるかのように、大きく変節していきます。八〇年代の経済、文化の時代には、これまでとは打って変わって、ファッションや音楽などにも手を広げ始めるのです。その代表的な作品が『ハイ・イメージ論』です。ファッションが象徴的だと思われるので、吉本の次の「ファッション論」の一節を見てください。

力学的にいえば、反復と循環の運動を起こさせるには、中心や支点からすこしずれた個所に、応力が加えられればいい。中心や支点からたくさんずれることは禁物だし、応力が極端に弱くても、極端に強くても、反復と循環の運動は成り立たない。それをやりはじめるのは誰か。一般大衆である可能性はとてもすくないとおもえる。一般大衆はむしろ中心や支点を内包する存在であるとみなされたほうがいい。この中心や支点にむかってすこしだけずれながら、しかも一般大衆の無意識の願望には叶っているという箇所で、応力を加えられるのは、ファッション・デザイナーのほかには考えられない。

ここではファッションをリードするのが、大衆ではなく、ファッション・デザイナーであるとされています。つまり、消費社会をリードするのは、消費者としての大衆ではもはやなく、ファッション界のエリートであるデザイナー、あえていうなら知識人であるデザイナーのほうなのです。

資本主義の象徴ともいえるファッションへの吉本の傾倒は、イデオロギー的な転向ともとれるほどの変節だという批判さえありました。たしかに川久保玲《かわくぼれい》のコム・デ・ギャルソンを称揚するだけにとどまらず、自らもそれをまといファッション誌に登場したのですから。かつてのプロレタリアートの闘士はどこに行ってしまったのかといわれても仕方ありません。しかし、吉本はあくまで大衆の本質を見ていたのでしょう。時代が変われば大衆も変わっていきます。

にもかかわらず、ただプライドのためだけに「大衆の原像」を墨守し続けることは、彼にはできなかったのだと思います。だからこそ、オウム真理教が一連の事件を起こした時も、あえて世論に迎合するようなことはなかったのです。それもまた世紀末における大衆の本質を正直にとらえた結果だったのでしょう。

こうして見てみると、吉本隆明という思想家は、つくづく純粋な人だったのだなと感じざるを得ません。だからこそ生活が苦しかろうと、社会的地位を失おうと、どれだけ非難されようと、自らの信念を愚直に叫び続けたのでしょう。そして美しい詩を詠み続けたのでしょう。こうした周囲に左右されない姿勢こそ、カリスマのカリスマたるゆえんなのだと思います。

思想のポイント

大衆はすべての時代を通じて、歴史を動かす動因である!

思想の活かし方

吉本隆明の思想から、愚直さを貫くための思考法を学ぼう!

第5章 新しい世界を切り拓いた思想家たち

文化で新しい世界を切り拓いたアーティスト

世《ぜ》阿《あ》弥《み》

(1363-1443)

秘すれば花なり、
秘せずば花なるべからず

『風姿花伝《ふうしかでん》』

新しい世界観をプロデュースするための思想

世阿弥《ぜあみ》は能の完成者とされています。彼の能の特色は、歌舞を基本とした夢幻能《むげんのう》にあります。夢幻能とは、主人公が実在する人物として登場する現在能《げんざいのう》に対して、主人公が神や霊などの超自然的存在であるもののことです。

世阿弥がこうした新しい世界観を生み出すことができたのは、長年父観阿弥《かんあみ》のもとで行ってきた稽古《けいこ》の賜物《たまもの》であることは間違いありません。その稽古の積み重ねの成果が、能の奥義《おうぎ》書《しょ》『風姿花伝《ふうしかでん》』に記されているのです。この中には父の教えが多く含まれているといわれています。観客を意識しつつ、稽古の要諦《ようてい》を説くこの書は、思想書としても高い評価を受けてきました。

また、思想書としての『風姿花伝』については、海外にもたくさん研究者がいます。能の海外公演も盛んですが、能は大陸から伝わった芸能にルーツがあるため、もともとグローバルな要素を備えているのかもしれません。ここではそんな普遍的な内容をもった『風姿花伝』を中心に取り上げ、世阿弥の思想に迫ってみたいと思います。まずは簡単に彼の生涯を振り返っていきましょう。

世阿弥は、中楽一座《さるがくいちざ》観世座《かんぜざ》を率いる観阿弥の息子として生を受けました。子どもの頃から父の指導を受け、一二歳の時に将軍足利義満《あしかがよしみつ》の目にとまります。以後、義満の庇護《ひご》のもと、父とともに能の発展に尽力してきました。少年時代は美童で、当時公家《くげ》文化の頂点に立っていた二条良基《にじようよしもと》に好かれていたことも幸いし、世阿弥は当代随一の文化人として一目置かれる存在になっていくのです。

父観阿弥の死後、まだ二〇代だった世阿弥は、父の教えを発展させ、『風姿花伝』を徐々に完成させつつ、円熟期を迎えます。義満の死後、後ろ盾を失うと、『花鏡《かきよう》』等の伝書を次々と執筆し、能伝承のための礎を築くようになります。そして子の元雅《もとまさ》に後を譲り、出家するのです。

芸能の世界では栄華を極めたものの、世阿弥は不幸な晩年を過ごすはめになりました。まず世阿弥の甥《おい》である元重《もとしげ》を寵愛《ちようあい》した将軍義教《よしのり》に嫌われ、当時任ぜられていた醍醐《だいご》清滝宮《せいろうぐう》の楽《がく》頭職《とうしき》から外されます。さらに後継者であった元雅が急死してしまいます。挙句の果ては、これもおそらくは将軍とのそりが合わなかったことが原因かと思われますが、佐渡《さど》に流されてしまうのです。

このように栄華と没落という波乱万丈の人生を送った世阿弥ですが、歴史の中で見るとやはり能の芸術性を高め、これを一種の思想にまで昇華させた功績は際立っています。その意味で、文化によって新しい世界を切り拓《ひら》いた日本の思想家として、どうしても言及しておかなければならないように思います。

では、世阿弥のつくった思想とはどのようなものだったのか、主著『風姿花伝』に即して概観していきます。『風姿花伝』の神髄は、この書のタイトルにもあるように「花《はな》」という言葉に象徴されることがあります。それはそのまま能の神髄でもあります。

能は観客のまなざしと演者との緊張関係の中で成り立つ芸能だといわれます。したがって、演者の主観が強すぎてはいけないのです。逆に観客に迎合しすぎても、演技は破たんしてしまいます。その微妙な関係性の中で成立するのが花にほかなりません。

だから世阿弥は「花と面白きと珍しきと、これ三つは同じ心なり」というのです。花とは観客が面白がり、珍しがることにほかなりません。いわばそれは観客の感動であり驚きです。そうした感動や驚きを誘うためには、どうすればいいか。

「秘すれば花なり、秘せずば花なるべからず」という有名なフレーズがあります。これはすべてを見せずに、意外性によって観客を感動させるのがいいというような意味です。たしかに、先が読めるものや、思った通りの次元で演じられてもあまり感動することはできません。かといって、単に驚かせればそれでいいというものでもないでしょう。すべてを見せないことではじめて、ほどよく感動と驚きを引き出すことができるというわけです。

この状態を持続させるためには、常に変化を提示し続ける必要があります。多様性といってもいいでしょう。それは次の一文に表れています。

いづれの花か散らで残るべき。ゆゑによりて咲くころあれば、珍しきなり。能も、住するところなきを、まづ花と知るべし。

つまり、花も散っては咲く変化があるからこそ、驚きがあるということです。その理《ことわり》は能も同じなのです。

こうした様々な変化を提示するには、当然長年の修業が求められます。『風姿花伝』にはその長年の修業の方法も説かれています。役者の生涯を七期に分けて解説した「年来稽古《ねんらいけいこ》条々《じょうじょう》」です。身体の変化に応じた稽古があるというのです。

そこで語られているのは、少年時代に咲く「時分《じぶん》の花」から、芸能者としての生涯を左右する「まことの花」への高まりについてです。簡単にいうと、少年の魅力としての時期的な花を自覚しつつ、基礎をしっかりと身に付けなければならないということです。その時期を乗り越えると、二〇代半ばの新人として喝采《かっさい》を浴びるようになります。ただし、ここでの人気はあくまで当座のものにすぎません。だから世阿弥はこの状況を「当座の花」と呼んで、

「まことの花」とは区別するのです。

「当座の花」は新人の珍しさに対する評価にすぎず、真の実力ではないということです。そこを取り違えると、いつまでたっても「まことの花」に至ることはできません。この厳しい自己認識を経て、ようやく三〇代半ばから四〇歳にかけて「まことの花」を体得する時期が訪れるのです。それはその時点でどれだけ世間に評価されているかでわかるといいます。成功するためには、稽古の正しい積み重ねが不可欠だということです。

こうした稽古論に加え、『風姿花伝』には、工夫論ともいうべき芸能哲学が展開されています。それはいかにして観客の見る目を取り入れるかということです。先ほども書いたように、芸能が観客のまなざしと演者との緊張関係の中で成り立つ芸能である以上、観客の目は重要な要素です。これについて、『風姿花伝』の「問答条々《もんどうじようじよう》」という問答の箇所で、世阿弥はこんなふうに書いています。

問。抑、申楽を初むるに、当日に臨んで、先座敷を見て、吉凶をかねて知る事は、いかなる事ぞや。

答。此事、一大事也。その道に得たらん人では、心得べからず。

つまり、開演前に観客席を見ることにはどのような意義があるかと問い、その答えとして、それは観客を知るのにとても大事なことだと説いているのです。しかもそれは経験を積んだ人でないとわからないといいます。能にとっては、それだけ観客が大事だということです。観客はまるで共演者のようなものなのです。

ところが問題は、観客は一人ではない点です。目利きもいれば目利かずもいる。そんな中で常に最高の緊張関係を紡ぎ出すには、どうすればいいのか。

この難しい問いに対して世阿弥の出した結論は、「目利かずの眼にも面白しと見るやうに能をすべし」というものでした。つまり、観客のレベルにかかわらず、常に面白いと思えるようにしないといけないということです。ある意味で、ここに大衆芸能としての能の本質を垣間見《かいまみ》ることができるように思います。いかに高尚になろうとも、やはり芸能は万人を楽しませるものでなくてはならないのです。

能が今も多くの人に愛され、伝統文化としてだけでなく、誰もが楽しめるエンターテインメントとして存続している背景には、世阿弥のこのアーティストとしての基本精神が横たわっているように思えてなりません。

さて、このように観客を惹《ひ》きつける能の芸とは具体的にどのようなものなのでしょうか。これに関して、「問答条々」には、序破急《じょはきゅう》に言及した問答があります。

問。能に、序破急をば、何とか定むべきや。
答。これ、易き定め也。一切の事に序破急あれば、申楽もこれ同じ。能の風情をもて、定むべし。

序破急とは、始め、中間、終わりの三段階の進行のことです。世阿弥はこれを能の展開全体に応用しました。それが能の風情を決めるのだと。序とは自然の素直な状態、破とは序を破って細かに様々な演技を尽くす状態、急とは破を尽くした後、さらなる名残の一体として乱舞《らんぶ》する状態です。

そうした魅力的な序破急の展開を構成しているのが、個々の演目の音楽であり、舞であり、演技なのです。それは「二曲三体《にきょくさんたい》」とも表現されます。二曲とは舞と音曲《おんぎょく》のことです。そして三体とは老体《ろうたい》、女体《にょたい》、軍体《ぐんたい》のことで、物まねの基本となるキャラクターを指しています。

特にこの物まねがどれだけうまくできるかで、芸の面白さが決まってきます。そのコツを一言でいうなら、単なる外見だけではなく、本質にさかのぼった物まねを心がけるということではないかと思います。

たとえば、演じ手の力量がもっとも試されるという老体の物まねでは、「物まねに、似せぬ位あるべし」と説いています。つまり、老体だからといって、いかにも年寄りの動きを真似てはいけないということです。それよりも、老体がにじみ出るような演技が求められるのです。安易に腰を曲げればそれで年寄りの真似になるわけではないということです。

あるいは女体に関しては、物まねを通じて、そこから幽玄《ゆうげん》の美を醸し出さなければならないと考えていたようです。この幽玄の美こそ、世阿弥が表現しようとした能特有の美であるといっていいでしょう。

そもそも幽玄とは何なのか。ここで『花鏡』を参照したいと思います。これは世阿弥が能の相伝のために書いた伝書の一つで、幽玄についても触れられています。たとえば、「ただ美しく柔和なる体《てい》、幽玄の本体なり」や、「見る姿の数々、聞く姿の数々の、おしなめて美しからんをもて、幽玄と知るべし」といった表現です。

ここからわかるのは、幽玄とは美しい姿のことだという点です。しかもただ美しいだけではなく、柔和でなければなりません。いわば華やかで優雅な気品が備わっていなければならないのです。これは人の姿だけではなく、音曲にも当てはめられます。「また音曲において、節かかり美しく下りて、なびなびと聞えたらんは、これ音曲の幽玄なるべし」というふうに。とはいえ、典型的なのは人の姿であることは間違いないでしょう。その典型が先ほどの女体なのです。幽玄は女体の舞において極められるということです。

そんな幽玄美が演技から醸し出されてはじめて、能は成功といえます。しかしその背景には、長年の厳しい稽古の積み重ねがあるのです。世阿弥が新しい芸能としての能を完成することができたのは、ひとえに稽古の賜物といっていいでしょう。新しい世界を切り拓くのには、やはり時間がかかるのです。そして、その稽古の奥義を記した『風姿花伝』が、能の分野を超えて普遍的な思想書として読まれているのは、きっとそれが何事にも当てはまる真理だからではないでしょうか。

思想のポイント

すべてを見せないことではじめて、ほどよく感動と驚きを引き出すことができる！

思想の活かし方

世阿弥の思想から、新しい世界を切り拓くための思考法を学ぼう！

日本を目覚めさせた啓蒙思想家

福《ふく》沢《ざわ》諭《ゆ》吉《きち》

(1834-1901)

ただ学問を勤めて
物事をよく知る者は
貴人となり富人となり、
無学なる者は貧人となり
下人となるなり。

『学問のすゝめ』

学問の意義を学ぶための思考

明治の啓蒙《けいもう》思想家、福沢諭吉《ふくざわゆきち》は、もともと大分・中津《なかつ》藩の下級役人の子弟だったのですが、洋学《ようがく》を学ぶことで人生を切り拓いていきました。まず長崎でオランダ語を学び、その後大坂《おおさか》の適塾《てきじゅく》に通います。そして訪米の機会を得ると、語学力を買われ、どんどん出世していったのです。そんな中、自らの思想を実践する場として慶應義塾大学を設立し、教育に尽力します。

思想としては、優秀ながらも封建的身分制度の壁の下苦労した経験を生かし、まずそうした封建的な教学や道徳を批判します。また、個人の自立や独立によってはじめて国家は強くなるのだと訴えました。そのために合理的、実用的な学問を学ぶ必要があるとして、かの有名な『学問のすゝめ』を著したのです。

さらに福沢は、西洋と伍《ご》していくために、近代的改革の進まないアジア諸国と袂《たもと》を分かつという「脱亜入欧《だつあにゅうおう》」を主張するに至ります。こうした政治的な主張には毀誉褒貶《きよほうへん》あるものの、啓蒙思想家として明治期の日本を目覚めさせた功績は計り知れません。まずはそんな福沢の生涯を振り返ってみましょう。

福沢諭吉は、一八三四年、大坂の堂島《どうじま》にあった中津藩蔵屋敷《くらやしき》の藩士長屋に生を受けたのですが、すぐに父親が急逝し、母親と兄弟たちとともに大分県の中津へ戻ることになります。そこで決して幸福とはいえない少年時代を過ごします。もともと下級武士であるうえに、母子家庭になり、福沢は貧しい生活を送っていたようです。ようやく学問を始めることができるようになったのは、当時としては遅い一三、四歳の頃でした。

それでも持ち前の優秀さと勤勉さが幸いして、みるみる内に頭角を現します。四、五年後には、漢学《かんがく》者の前座ほどの実力をつけていました。その甲斐《かい》あって、一九歳の時に長崎を経由して、大坂の緒方洪庵《おがたこうあん》の主宰する適塾で学ぶ機会を得ます。大坂では蘭学《らんがく》の修業に勤《いそ》しみました。

二三歳の時、中津藩の江戸《えど》藩邸から蘭学教師として声がかかると、福沢は江戸に移ります。そこで蘭学が時代遅れであることを知り、意を決して英学《えいがく》に転向するのです。さらに遣米使節団に加わることに成功し、咸臨丸《かんりんまる》に乗ってアメリカにわたります。わずか五〇日という短い滞在でしたが、この経験が福沢の洋学熱に火をつけたことは想像に難くありません。

帰国後福沢はついに幕府に雇われ、政府の外交文書を翻訳するなどの仕事に従事します。結婚もして公私ともに充実してきたうえに、再び洋行の機会を得るのです。今度は遣欧使節団として七か月間ヨーロッパ各国を歴訪することになりました。そうしてアジアの後進性と西洋の先進性を目の当たりにし、西洋文明に追い付くことの重要性を身を以《もっ》て経験したのです。

福沢は江戸に戻ると塾を拡大し、また幕臣として活躍する傍ら、『西洋事情』などを出版し、積極的に言論活動も開始します。しかし、幕府倒壊が決定的なものになると、政治の世界での活躍をあきらめ、学問の推進に力を入れ始めます。そうして一八六八年、今の慶應大学の前身となる慶應義塾を発足させるのです。やがて著書『学問のすゝめ』がベストセラーになると、福沢は思想家としての地位を確立します。明治六年には、西周《にしあまね》らとともに明六社《めいろくしゃ》に参加し、明治の啓蒙思想を牽引《けんいん》します。『文明論之概略《ぶんめいろんのがいりゃく》』はその精華といっていいでしょう。

晩年の福沢は、「脱亜論」で脱亜入欧を掲げるなど、啓蒙思想とは異なる論調に転換します。ただそれは、日本の行く末を見据えたうえでの深い洞察に基づく政治思想であったことはいうまでもありません。政治家からも頼りにされ、多くの国民にとって良心ともいうべき存在に上り詰めた福沢でしたが、病のため六六歳でこの世を去ります。

そんな福沢諭吉の思想は、最も有名なこのフレーズ「一身独立して一国独立す」に象徴されているように思います。福沢は、個人が独立するためには、一人ひとりの人民が、儒教的な精神を一掃し、「文明の精神」を修得しなければならないと説きました。文明の精神とは、ほかでもない実学《じつがく》のことです。彼が啓蒙思想家と呼ばれるゆえんです。

ここには、学問こそが人民を平等で主体的な存在にするという揺るぎない信念が横たわっています。「天は人の上に人を造らず、人の下に人を造らずと云へり」で始まる『学問のすゝめ』の名フレーズもそのことを訴えるためのものです。本来、人間は平等のはずなのに、なぜ現実にはこんなに差があるのか。ここでの福沢の答えは、勉強しているかしていないかの違いだというものです。しっかりと勉強をした人は身分が高くなり、勉強しなければ愚者として社会の中にとどまるということです。福沢は明言します。

諺に云く、天は富貴を人に与えずしてこれをその人の働きに与うるものなりと。されば前にも言える通り、人は生れながらにして貴賤貧富の別なし。ただ学問を勤めて物事をよく知る者は貴人となり富人となり、無学なる者は貧人となり下人となるなり。

こうした考え方に対しては、当時から学問による差別であるとの批判もありましたが、福沢が強調したかったのは、乗り越えがたい身分による差別さえも克服できるという点でした。つまり、もともと身分のある人も、家柄のおかげではなく、実は勉強をしてきた結果であって、だから皆勉強をすることで身を立てよと訴えたかったのです。あくまで福沢は、勉強さえすれば出世ができる、つまり身分は固定化されたものではないということを主張しているのです。その意味では、それまでの江戸時代の制度を批判する意図もあったといえるでしょう。

このように、『学問のすゝめ』は勉強することの勧めなのですが、これまで通り古典の暗唱を必死になってやっていればいいというわけではありません。そうではなくて、福沢は、江戸時代の日本が重視してきた儒学《じゅがく》と対比させて、実学、つまり西洋の技術など、実際にこれからの世の中に役立つ学問の必要性を強調しているのです。福沢は、次のようにこの本の趣旨を説明しています。

故に世帯も学問なり、張合も学問なり、時勢を察するもまた学問なり。何ぞ必ずしも和漢洋の書を読むのみをもって学問と言うの理あらんや。この書の表題は、学問のすゝめと名づけたけれども、決して字を読むことのみを勧むるに非ず。

学問を勧めるというと、当時は本を読むことばかりを連想したのでしょう。でも、それは真の意味での学問ではないと批判したのです。『学問のすゝめ』は、二一世紀になった今でも広く読まれ、版を重ねています。関連本も時折ベストセラーになったりしています。時代状況はすでに大きく変わっているはずなのに、なぜ読み継がれているのか。おそらくそれは、学問によって人生を変えることができるという命題が、いつの時代も普遍的なものであるからにほかなりません。どんなに貧しくても、親の仕事がなんであろうと、どんな家柄だろうと、学問はそんな不合理な環境の差を無化してくれるのです。

しかし、福沢は単純に平等を説く社会主義者《しゃかいしゅぎしゃ》などではありませんでした。むしろ国家の独立を説いていることからもわかるように、いわゆるナショナリストであることは間違いないでしょう。福吉勝男《ふくよしまさお》著『福沢諭吉と多元的「市民社会」論』のように、福沢の思想の中に女性や家族の問題をも取り込んだ多元的「市民社会」論の先駆を読みとろうとする野心的な解釈もありますが、それでもやはり福沢の至上命題が国家の独立にあった点は揺るがないように思うのです。それは『時事小言《じじしょうげん》』の次の一節からも明らかです。

政権を強大にして確乎不抜の基を立るは、政府たるものゝ一大主義にして、政体の種類を問わず、独裁にても立憲にても、又或は合衆政治にても、苟も此主義を誤るものは、一日も社会の安寧を維持する能はざるや明なり。

政体のいかんを問わず、とにかく政治権力を強大にすることが、最優先事項だということです。市民社会の力が必要なことはもちろんですが、それ以上に大前提があるだろうということです。福沢は決して民権論者《みんけんろんしゃ》でなかったわけではありませんが、まずは独立国家としての地位を不動のものにすることを目指していたといっていいでしょう。

だからこそあの悪名高き「脱亜論」を書いたのだといえます。「脱亜論」とは福沢が「時事新報《じじしんぽう》」に書いたとされる社説で、一言でいうならアジア諸国と付き合うのはやめて、西洋の仲間入りをしようと呼びかける内容です。ただ、これはアジア蔑視《べっし》でも帝国主義《ていこくしゅぎ》でもなんでもなく、そうしないと独立国家としての地位が危うくなるというだけのことなのです。福沢が西洋文明の繁栄についてさえ冷めた目で見ていたことは、以下の『文明論之概略』の第一章冒頭からもうかがいしれるでしょう。

軽重、長短、善悪、是非等の字は、相対したる考えより生じたるものなり。軽あらざれば重あるべからず、善あらざれば悪あるべからず。故に軽とは重よりも軽し、善とは悪よりも善しということにて、此と彼と相対せざれば軽重善悪を論ずべからず。かくの如く相対して重と定まり善と定まりたるものを議論の本位と名づく。

つまり福沢は、物事の軽重善悪は相対的に決まってくるとして、相対主義《そうたいしゅぎ》を議論の立脚点に据えているのです。言い換えると、文明を論じるにあたっても、決してどこかの文明が絶対的に優れているというわけではないということでしょう。福沢の思想を読み解くにあたって、この点を押さえておくことはとても重要であるといえます。そうでないと、ただの西洋礼賛であるかのように読み誤ってしまいかねないからです。福沢の主眼は国家の独立に置かれていたことに注意が必要です。

福沢はそんな独立国家のアイデンティティを、万世一系《ばんせいいっけい》の皇室に求めました。『帝室論《ていしつろん》』では、「帝室は政治社外のものなり」といって、皇室を政治的対立の外に置き、官民調和《かんみんちょうわ》のための象徴と位置付けたのです。

こうした皇統《こうとう》神話に国家のアイデンティティを求めようとする傾向は、福沢に限らず、当時の他の論客たちにも見られたものです。良し悪しは別として、いずれにしても明治の入り口で、一方で西洋思想の輸入に努めつつも、他方で国体をめぐって暗中模索した福沢らパイオニアたちの苦心がうかがえます。

その意味で、福沢のナショナリストとしての側面は、ある種時代の制約として仕方ない部分もあったわけです。そうした文脈も踏まえたうえで、私たちが福沢の思想から学ばなければならないのは、彼が強調した国民としての意識ではないでしょうか。『文明論之概略』の中で、福沢はこういっています。「日本には政府ありて国民《ネーション》なし」と。国民とは国家の担い手であることを自覚し、自らの使命と国家のあり方を結び付けることのできる人間です。

福沢諭吉の思想が今なおアクチュアルなのは、日本人が未《いま》だに「国民」になりきれていないからではないでしょうか。福沢の思想によって、私たちはもう一度目を覚ます必要があるのかもしれません。

思想のポイント

個人の自立や独立によってはじめて国家は強くなる！

思想の活かし方

福沢諭吉の思想から、単に本を読むだけではない真に「学問をする」ための思考法を学ぼう！

日本の思想用語の生みの親

西《にし》周《あまね》

(1829–1897)

すべてかようなことを
参考して心理に徴し、
天道・人道を論明して、
かねて教の方法を立つるを
ヒロソヒー、訳して哲学と
名づけ、西洋にても
古くより論のあることで
ござる。

『百一新論《ひゃくいちしんろん》』

翻訳という名の思考法

西周《にしあまね》は、「哲学」という言葉そのものをはじめ、西洋哲学の用語の多くを日本語に翻訳した人物です。その意味では、日本の思想用語の生みの親だといっても過言ではありません。

もともと西は藩校で儒学を教えていましたが、洋学の必要性を感じて脱藩します。そしてオランダに留学して、J・S・ミルやA・コントの実証主義《じっしょうしゅぎ》を学びました。帰国後は、幕府の開成所《かいせいじょ》教授として教鞭《きょうべん》をとると同時に、福沢諭吉らと啓蒙思想家団体「明六社」の中心人物としても活躍しています。

当時、明六社を構成していたのは、アメリカやヨーロッパを歴訪した福沢をはじめ、皆直に西洋文明を体験した、最先端の思想を知る洋学者ばかりでした。この組織は、後に初代文部大臣となる外交官の森有礼《もりありのり》の呼びかけで結成されました。彼らは機関誌『明六雑誌』を発刊し、廃刊までのわずか二年ほどの間に多くの議論を喚起しています。

それではまず西周の生涯を簡単に振り返ってみましょう。西は一八二九年、島根県の津和野《つわの》に生を受けます。父親は津和野藩の藩医であり藩儒《はんじゅ》でした。西は森鷗外《もりおうがい》の親戚《しんせき》で、家も近くにありました。そのため鷗外にも大きな影響を与えたといいます。

西は最初藩校の養老館《ようろうかん》で教師をしていましたが、二五歳の時江戸に遊学に行くチャンスを得ます。当時ペリー来航のおかげで、各藩は新しい時代に対応できる人材の育成に力を入れていたのです。ところが西は、江戸に滞在し続けるために津和野藩を脱藩し、不安定な身分ながら語学を中心に様々な学問を学び続けたのです。そうして語学力を買われ、運よく幕府の蕃書調所《ばんしょしらべしょ》に職を得ます。今も昔も語学力が身を助けるのが日本の特徴といえます。

蕃書調所に勤務している時、西はオランダに留学する千載一遇のチャンスを得ます。ここでの経験が啓蒙家西周の将来を決定づけたといって間違いないでしょう。帰国後西は、開成所教授を経て、京都で洋学の塾を開講します。この塾で講じられた内容を後にまとめたものが、西の主著となる『百一新論《ひゃくいちしんろん》』でした。

西はこの私塾での活動を経て、やがて将軍徳川慶喜《とくがわよしのぶ》の側近として、外交文書の翻訳を担当するようになります。維新後は政府の役人として活躍しながら、先ほど触れた明六社で啓蒙思想家としても大きな役割を果たし、最後は貴族院議員にまで上り詰めました。

そんな西の功績は、なんといっても「哲学」という言葉そのものをはじめ、西洋哲学の用語の多くを日本語に翻訳したことです。『百一新論』の元になった講義においてはじめて、「ヒロソヒー（フィロソフィー）」という語が「哲学」と訳されたといいます。もっとも、ここに落ち着くまでは、「性理之学」などと呼んでみたり、賢いことを願うという意味を込めて「希哲学《きてつがく》」と呼んだり紆余曲折《うよきょくせつ》があったようですが。西は「哲学」の誕生を次のように高らかに宣言します。

　すべてかようなことを参考して心理に徴し、天道・人道を論明して、かねて教の方法を立つるをヒロソヒー、訳して哲学と名づけ、西洋にても古くより論のあることでござる。

「すべてかようなこと」とは、他の様々な学問の名称のことです。それらを参考にしたうえで、ヒロソヒー、つまりフィロソフィーを「哲学」と訳すことにしたというわけです。ほかにも西が訳した哲学用語はたくさんあります。「概念」や「理性」のほか、「帰納《きのう》」や「演繹《えんえき》」などもそうです。哲学の世界では、言葉を定義することそのものが思考の成果でもありますから、ある意味で語の翻訳は、思考そのものだということもできます。日本哲学は明治以来、今に至るまで西洋哲学の翻訳を重要な仕事の一つとしてきましたが、その作法を創出したのは、ほかでもないまさに西周その人だったのです。

　さて、先ほどの引用文に天道、人道とあるように、『百一新論』の中で西は、人々を取り巻く「天然自然《てんねんしぜん》の理《り》」と、人々の心の中にある「人間の心裏に存する理」とを区別しています。前者は物理現象、後者は心理や社会現象のことだといっていいでしょう。そして、後者を「後天《こうてん》の理《り》」と呼んで、後天ながら天である理に従った、法や制度をつくることを「道」というのだと説きました。

その道によってつくられた法や制度は、人々の相互の「自愛自立の心」を尊重し合うことを意味するといいます。そうしてはじめて文明は可能になるのだと。ただ、心だけですべてがうまくいくかというと、そんなことはあり得ません。その点については西は明確に訴えています。

かようなことをいいもてゆけば限りもないことで、人間の万事にわたることでござるが、平常ただ理があることとのみ心得てその区別をも知らず、物理と心理とを混同して、はてはては人間の心力で天然の物理上の力をも変化せられるように心得るは大なる誤りではござるまいか。

このように、西にとっては、物理も心理も両方大事なのであって、だからこそ「物理も心理もかね論じうる哲学」が、百の教えを一つにする論『百一新論』として講じられたわけです。着目すべきは、この本の最後の一行で、西が「かね論ずからといって、混同して論じてはならぬ」と釘《くぎ》を刺しているところです。たしかに哲学はあらゆる物事を同じベースで論じることを可能にする万能の学問です。西もそこを強調してきたわけです。とはいえ、それは決してあらゆる学問を哲学という一つの学問で代用してしまうことを意味するものではありません。

哲学はあくまでベースであって、個別具体の学問にはきちんとした作法やノウハウがあるのです。西のこの冷静な見識のおかげで、哲学が得体の知れない異国の学問として烙印《らくいん》を押されることを免れたのではないでしょうか。

西にはもう一つ重要な著作があります。それは『百学連環《ひゃくがくれんかん》』です。この本は明治に入って間もない頃、西が主に福井藩士に向けて行った特別講義が元になったもので、出版されたのは西の死後だいぶたってからです。ただし、その要約版が「知説」という名称で『明六雑誌』に掲載されており、こちらは多くの人たちが目にしていました。

『百学連環』はいわばエンサイクロペディアであって、その要約版である「知説」もまた、当時の西欧の諸学問の概要を紹介するという内容のものでした。「知説」の「知」とは、一言でいうと人間の心の本質のことです。その「知」を確立するために、様々な学問を体系化する必要があるというわけです。そうしてはじめて、私たちは「一つの真理」に到達できるといいます。学問を体系化することの意義について、西はこういっています。

今小知より結構組織の知にいたる。これを織布にたとう。小知はただ一個の知、なお糸のごとし。大知はよく組織す、一匹布のごとし。結構組織にいたりては、ただちにこれ錦繍なり。

結構組織とは体系のことなのですが、つまり、知が集まるごとに糸が布になり、やがて錦《きん》繍《しゅう》にまで発展するというわけです。それが学術になり、国家の治術にまでつながっていくとされています。西にとっては、知は国家を支える中心としてとらえられていたことがよくわかると思います。

『明六雑誌』には、西の三つの代表的な論文があるといわれます。一つは先ほどの「知説」、もう一つが「教門論」、そして三つ目が未完に終わった「人生三宝説」です。「教門論」というのは、いわば宗教論のことです。当時新政府は、宗教、とりわけ神道によって国民を教化しようとしていました。その象徴となるのが、悪名高き「三条の教則」です。つまり、「敬《けい》神愛国《しんあいこく》」「天理《てんり》人道《じんどう》尊重」「皇上奉戴朝旨遵守《こうじょうほうたいちょうしじゅんしゅ》」の三つを強制しようとしていたのです。

これに対して西は、洋学者として批判を展開しました。いかなる政治的権力によっても、信を奪って他の神を信じることを強制することはできないと訴えたのです。そもそも、政治は現世の安寧を目的としているのに対して、宗教は来世の幸福を願うものなので、両者は別物であるという論を展開しました。ここからも、『明六雑誌』がいかにリベラルな言論誌であったかがうかがいしれます。

最後の「人生三宝説」は、これまで紹介した西の著作物とは少し趣を異にしています。それは、他のものが基本的に西洋思想の紹介に重点を置いているのに対して、この論文だけは西周のオリジナルの思想が正面から論じられているからです。時期的にも集大成を意識していたのかもしれません。

三宝とは、「健康《まめ》、知識《ちえ》、富有《とみ》」の三つを表しています。これらを大切にすることが、社会や国家の基礎になり、道徳や法につながっていくという内容です。西は、自分が「私利のために生きる」ことが、「他人のために生きる」ことにもつながり、それが一つの「公益」（パブリック・インタレスト）になるといいます。そしてこの公益を保護するのが政府、国家だということになるのです。

この西周の「人生三宝説」をどう見るかは見解が分かれますが、個人的には「私」と「公」をいかにつなぐべきかを考えた公共哲学《こうきょうてつがく》の一つととらえることができるように思います。もちろん幸福論として読むことも可能ですが、その場合もその幸福は一個人のそれにとどまるものではないと思うのです。啓蒙家は常に他者の幸福を念頭に置いているはずですから。

以上のように西周は、日本の思想用語の生みの親であるにとどまらず、明治初期の啓蒙思想家として、国家形成の礎を築くという重要な役割を果たしたのです。

思想のポイント

哲学は、物理も心理も兼ねて論じることができる！

思想の活かし方

西周の思想から、翻訳という名の思考法を学ぼう！

日本思想のすごさを世界に知らしめた男

九鬼周造《くきしゅうぞう》

（*1888-1941*）

偶然とは偶々然か有るの意で、存在が自己のうちに根拠を有っていないことである。

『偶然性《ぐうぜんせい》の問題』

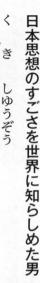

二元的に把握するための思考

九鬼周造《くきしゅうぞう》は、前に紹介した西田幾多郎《にしだきたろう》に招かれて京都帝国大学に招聘《しょうへい》されたため、京都学派《きょうとがくは》の思想家の一人としてみなされています。当時としては長い足かけ八年にも及ぶヨーロッパ留学を経て、「いき」をはじめ、日本独自の概念について哲学した人物です。また、留学だけでなく、幼少期に母親が美術家の岡倉天心《おかくらてんしん》と駆け落ちしたことも、九鬼の思想に大きく影響しているといわれます。そのへんも含めて、まずは九鬼の生涯を振り返ってみましょう。

九鬼周造は、一八八八年、文部省の官僚の四男として東京に生を受けます。父親は美術家の岡倉天心を使って、日本の古美術の再評価にも尽力していました。ところが、九鬼が胎内にいるとき、母親がその岡倉天心と恋に落ちてしまうのです。これが原因で後に両親は離婚します。そのため九鬼は生涯悩み続けることになります。

東京帝国大学の哲学科を出て、九鬼は一九二一年から八年にわたる長期海外留学に旅立ちました。行先はヨーロッパです。フランスではベルクソンに学んだり、ドイツではハイデガーに学んだりしました。ハイデガーの自宅にもたびたび訪問して議論を重ねていたようです。しかも、その議論の中で九鬼のほうがハイデガーに影響を与えたともいわれています。まさに日本思想のすごさを世界に知らしめた男といっても過言ではありません。

　こうして海外で研鑽《けんさん》を積んだ後、九鬼は西田に招聘されて京都帝国大学に赴任します。そして早くも翌年には、日本人の独自の精神性について考察した『「いき」の構造』を発表しています。さらに主著『偶然性《ぐうぜんせい》の問題』などを刊行し、順調にキャリアを積み重ねていきました。しかし私生活は悩み多かったようで、離婚も経験し、祇園《ぎおん》の芸妓《げいぎ》と再婚しています。最後は、ガンのため在職のまま五三年の短い人生を閉じることになりました。

　そんな波乱万丈の人生を送った九鬼の思想の中で、まず特筆すべきなのは、『「いき」の構造』における「いき」の概念です。「いき」とは、江戸の遊里で生まれた美意識のことです。その意味で日本特有のものだといっていいでしょう。九鬼は、その中身について議論を始める前に、「いき」の民族的固有性について検討しています。その結果、次のように結論づけるのです。


　要するに「いき」は欧州語としては単に類似の語を有するのみで全然同価値の語は見出し得ない。したがって、「いき」とは東洋文化の、否、大和民族の特殊の存在態様の顕著な自己表明の一つであると考えて差支ない。

このように「いき」は外国語に訳すことができない語なのです。九鬼がこういう語に目をつけて哲学したのは、きっと長い留学生活の中で、日本の独自性を模索し続けたからだと思います。もちろん哲学の作法自体は西洋流のもので、ハイデガーに師事したこともあるだけあって、非常に厳密なものです。しかし、扱う概念は純日本的であることによって、全体として日本独自の哲学になっているのです。

では、「いき」の本質とはどのようなものか？　九鬼によると、それは芸者と客との男女関係にあるといいます。そして「いき」を構成する要素として、「媚態《びたい》」、「意気地《いきじ》」、「諦め《あきら》」の三つを挙げています。

媚態とは、異性を目指して接近していくのだけれども、あくまで「可能的関係《かのうてきかんけい》」を保つ二元的態度だといいます。つまり、お互いにぎりぎりまで近づくものの、決して合一することなく、一定の距離を置いた関係ということです。これは肉体的な話というよりは、精神的な話です。相手を束縛し、苦しめてしまわないこの距離感、あるいは二元性が、「いき」の重要な要素なのです。

次に意気地とは、異性にもたれかからない心の強みだといわれます。めそめそした態度とは正反対の、毅然《きぜん》とした態度です。そして諦めとは、仏教の世界観に基づく「流転《るてん》や無常」を前提とした要素です。つまり、恋愛関係を含め、どんな人間関係もやがては解消されてしまいます。だからそれにこだわることなく、新たな関係を生み出すことが大事だというわけです。

九鬼は「いき」をこんなふうにまとめています。「垢抜して（諦め）張りのある（意気地）色っぽさ（媚態）」。ここには恋愛や結婚といった制度への批判を通じて、近代という罠《わな》、つまり合理《ごうり》主義《しゅぎ》という名の自由の剝奪《はくだつ》を乗り越えようとした九鬼の先見性を見て取ることができるのではないでしょうか。現に九鬼は次のようにいっています。

一定の意味として民族的価値をもつ場合には必ず言語の形で通路が開かれていなければならぬ。「いき」に該当する語が西洋にないという事実は、西洋文化にあっては「いき」という意識現象が一定の意味として民族的存在のうちに場所をもっていない証拠である。

つまり、西洋文化の中に意識現象としての「いき」がないということは、西洋の合理主義と「いき」が性質の異なるものであるということを意味しています。いわばそれは一元的な西洋の合理主義に対して、二元的な日本の反合理主義ともいうべき違いです。九鬼がすごいのは、両者が異なるものであるという指摘をするにとどまらず、さらにその日本的な概念によって西洋の合理主義の乗り越えさえ図ろうとしたところだといっていいでしょう。九鬼の野心的な性格が垣間見えます。

九鬼の野心は、続く『偶然性の問題』でも存分に発揮されます。九鬼は他の学問が手をつけない領域として、偶然性の問題にチャレンジしようとするのです。そもそも偶然性とは何か？　九鬼は『偶然性の問題』の冒頭で次のように定義します。

偶然性とは必然性の否定である。必然とは必ず然か有ることを意味している。すなわち、存在が何らかの意味で自己のうちに根拠を有っていることである。偶然とは偶々然か有るの意で、存在が自己のうちに根拠を有っていないことである。すなわち、否定を含んだ存在、無いことのできる存在である。

ここからわかるのは、偶然とは必ず起こるとは限らないということ、もっというと、無いかもしれない存在だということです。でも、たまたま存在したわけです。九鬼はそれがなぜなのか、そして偶然が発生することにどういう意味があるのかを考えようとしたといっていいでしょう。

その点で、単に偶然の起きる回数を扱うにすぎない確率論《かくりつろん》とはまったく異なるというのです。偶然性の問題は、あくまで哲学の問題であると位置づけます。そうしてこれを三つの態様に分類します。①定言的偶然《ていげんてきぐうぜん》、②仮説的偶然《かせつてきぐうぜん》、③離接的偶然《りせつてきぐうぜん》の三つです。これら三つがそのまま章の見出しになっています。

まず①定言的偶然とは、物事が同一性にある状態が破れて、決して統合されることのない二元性を生み出した状態だといっていいでしょう。もう少しわかりやすくいうと、ある法則に対する例外的事態こそが定言的偶然なのです。

これに対して、②仮説的偶然とは、因果関係がもつ必然的な同一性が破られて、そこに他の因果系列が入り込むことによって生じる二元的関係をいいます。つまり、本来出会うはずのない二つのものがたまたま出会ってしまったという事態です。

さらに究極の偶然として想定されるのが、③離接的偶然です。これは存在しないことさえあり得るものが、たまたま存在したという事態です。どんな物事も、おそらくそうやって存在しているに違いありません。存在しなかったかもしれないけれど、たまたま生じたのです。ただ、たまたまかもしれませんが、それが無数の可能性の中から生じたのは事実です。九鬼はそこに無限の展望を見出《みいだ》します。「偶然性の哲学の形而上学的展望は、この現実の世界が、唯一可能な世界ではなく、無数の可能な世界の中の一つに過ぎぬとして、現実の静を動的に肯定することに存する」と。

だからこそ、今手にしているこの偶然性に運命愛《うんめいあい》が生じるというのです。よくぞ自分のもとに来てくれたと。と同時に、それは他者が手にしている偶然性、運命に対しても、敬意を呼び起こす契機にもなります。かくして愛すべき偶然の運命をもたらす無の働きは、九鬼においてもまた肯定的なものとして評価されるに至るのです。

これは九鬼自身の人生と重ねるとよく理解できると思います。九鬼が駆け落ちして生まれた子であることも九鬼が望んだことではなく、偶然そういう境遇に生まれ育ったというだけのことです。悩んだことも多かったと思いますが、最終的に九鬼はそんな運命を受け入れようとしたのでしょう。偶然性の問題は、九鬼が自分自身の存在を肯定するための論理でもあったのです。

晩年九鬼は、死の直前に完成し、死後に刊行されることになる『文芸論』に力を注ぎました。そこでは主に若いころから親しんできた詩について論じています。もちろんその背景には、九鬼が留学中、同じく思索における詩の意義を訴えたハイデガーに師事していたことも影響しているわけですが、それ以上に、日本の知の伝統に和歌などの歌があったという点に着目する必要があるように思います。

これまで九鬼は、「いき」をはじめとした日本的な概念を哲学することに専心してきました。しかしついに日本の文芸そのものに切り込んでいったのです。それは単に詩を対象として哲学するというのではなく、詩という形で哲学することの意義を訴えるものでした。そうして自らも多くの詩を残しました。ある意味で、ここでも九鬼は、詩と哲学という決して一つにはできない二つの異なる営みを、二元性の思考のもとに同時に表現しようと腐心したといっていいのかもしれません。

思想のポイント

偶然性を愛し、自分を肯定せよ！

思想の活かし方

九鬼周造の思想から、二つの交わらないものを一つの枠組みの中でとらえる二元的思考法を学ぼう！

日本的デザイン思考の元祖

三木清《みききよし》

(1897-1945)

構想力の論理は
かようにして
ロゴスとパトスとの
統一の上に
立っているのである。

『構想力《こうそうりょく》の論理』

日本の元祖デザイン思考

三木《みき》は西田幾多郎の愛弟子《まなでし》です。にもかかわらず、西田の哲学を肯定的に受容することはありませんでした。いや、むしろ弟子だからこそ批判的継承を試みたのかもしれません。彼は西田のように無を中心に据えるのではなく、むしろ「虚無」の概念に着目し、そこから構《こう》想力《そうりょく》によって何かを形作るという方法をとりました。

まずは三木の生涯を振り返ってみましょう。三木清《きよし》は一八九七年、兵庫県揖保《いぼ》郡の比較的裕福な農家に生を受けます。少年時代は文学に惹《ひ》かれていたようですが、次第に哲学に目覚めていきます。そして、西田幾多郎の『善の研究』を読んで感銘を受けたのがきっかけで、京都帝国大学の哲学科に進学します。ここから西田との深い師弟関係が始まりました。

大学院に進学した後、三木はヨーロッパに留学をします。フランスに留学した際には、パスカルの『パンセ』に魅せられ、帰国後『パスカルにおける人間の研究』を最初の著作として発表しています。帰国後は京都帝国大学への招聘も期待していたのですが、女性とのスキャンダルによってその機会を逃し、法政大学教授として上京します。

上京した三木は、当時流行していたマルクス主義への関心を深め、いくつかの論文を発表した後、ついにその成果ともいえる『唯物史観と現代の意識』を著します。ところが、翌年共産党に資金提供したかどで検挙されてしまいます。そういうこともあって、マルクス主義とは距離を置き始めることになるのです。また、私生活でも教職を失い、文筆業に専念せざるを得なくなります。そうして取り組んだのが『歴史哲学』でした。ここで歴史の創造という問題に直面したことで、三木の関心は彼の思想の主要概念ともいうべき「構想力」に向かいます。

哲学雑誌『思想』に連載された論文をまとめて、まず『構想力の論理 第一』が出版されます。そして未完ながら、死後『構想力の論理 第二』が出版されました。この『構想力の論理』の連載が開始される少し前、三木は近衛文麿《このえふみまろ》の私的な政策研究会である「昭和研究会」に参加し、理論的指導者の一人として活躍もしています。

一方、晩年の三木は、親鸞《しんらん》について思索をめぐらせていたようです。もともと浄土真宗《じょうどしんしゅう》の信仰の篤《あつ》い家に生まれ、若いころは『歎異抄《たんにしょう》』に興味を持っていたことも影響しているのでしょう。死や孤独についてつづったエッセー集『人生論ノート』にもそうした人生の意味を問うような思索の跡が垣間見えます。三木はマニラに徴用されたこともありますし、妻に二度先立たれているので、いやが応でも生死について考えざるを得なかったのかもしれません。

最後は残念なことに、友人をかくまった嫌疑で、治安維持法によって検挙され、獄中で病死してしまいます。四八年の短い人生でした。

さて、そんな三木清の思想については、まず『歴史哲学』を取り上げたいと思います。そもそも歴史とは何か？　三木によると、歴史には出来事を意味する「存在としての歴史」と、出来事の叙述を意味する「ロゴスとしての歴史」、さらに歴史をつくる行為そのものを指す「事実としての歴史」があるといいます。

「存在としての歴史」とは、実際に起こった出来事そのものを指し、それを歴史書などに記述したものが「ロゴスとしての歴史」になるわけです。では、歴史をつくる行為そのものである「事実としての歴史」とはどういう意味でしょうか。三木は次のように表現しています。

> まず事実としての歴史は行為のことであると考えられる。人間は歴史を作るといわれている。このように歴史を作る行為そのものが事実としての歴史であって、これに対して作られた歴史が存在としての歴史であると考えられるのである。作ることは作られたものよりも根源的であり、作ることがなければ作られたものもないのであるから、その意味において事実としての歴史は存在としての歴史に先行するであろう。

つまり、この三つ目の歴史こそ三木のオリジナルであり、しかもそれは存在としての歴史、いわば出来事に先行するといいます。たしかに、出来事は起こる前に、それを起こす人間がいるわけですから、より根源的なものになるのでしょう。

出来事は過去ですが、今現在何かを起こすという行為は、過去の出来事を手繰り寄せたり、繰り返したり、あるいは選択したりと、自在に時間を操れるのです。そうしてその都度、瞬間瞬間において歴史というものの輪郭を確定するのです。

したがって、三木の歴史観においては、事実としての歴史が新たな歴史をつくっていくわけです。その歴史の創造の根源に、人間の創造の能力を想定します。それが「構想力」です。ここでようやく『構想力の論理』について見ていきたいと思います。

構想力とは、一言でいうなら、ロゴス（論理的な言葉）とパトス（感情）の根源にあって、両者を統一し、形をつくる働きを指しています。人間の根源に虚無を見ていた三木は、むしろそこから何かを創造することを訴えるようになるのです。このことについて三木は次のように表現しています。

構想力の論理は歴史的な形の論理であり、且つこれを作る立場における論理である。それは物の論理であるといっても、物とは歴史的な物をいい、それは表現的なものとして形を有するものである。創造といっても、形のあるものが外に作られることでなければならぬ。歴史的な形は単にロゴス的なものでなく、ロゴス的なものとパトス的なものとの統一である。構想力の論理はかようにしてロゴスとパトスとの統一の上に立っているのである。

三木は構想力が歴史の中で物を作ってきたというのです。しかもそれはロゴスとパトスの統一であるといいます。ここで思い出すのは、『パンセ』の中でパスカルが思考を幾何学的《きかがくてき》精神《せいしん》と繊細《せんさい》の精神《せいしん》の両側面からとらえていたことです。幾何学的精神とはロゴスであり、繊細の精神とはパトスのことにほかなりませんから、三木のいう構想力の背景に、若いころ学んだパスカルの影響を垣間見ることができるのではないでしょうか。

もっとも、「構想力」というアイデア自体は、実はカントに由来します。カントは『純粋理性批判』において、あらゆる概念を認識するのに役立つ図式というものを見出しています。図式が形象を可能にし、その形象から概念が出てくるのです。こうした意味での図式を生み出すのが構想力にほかなりません。

カントは『判断力批判』の中で、天才が構想力によって新たな図式を創造するといっています。三木はこの天才論に着目したのです。カントは天才に関する四つの特性を挙げます。一つ目は、天才の作るものは独創性を備えているという点です。二つ目は、天才の作るものは無意味なものにならないように範例的、いわば一般的普遍的でなければならないという点です。三つ目は、天才の制作は自然に従うものでもなければならないという点です。そして四つ目は、天才の制作は芸術分野に限られるという点です。

三木はこのカントの設定した制約を越え、独自の解釈によって天才の構想力を人間全般の能力にまで拡張するのです。なぜなら、人間は皆、日々新たな形を創造しているからです。

現代社会では、課題を解決する際、デザイナーのように思考する「デザイン思考」が流行《はや》っていますが、三木の構想力は、そんなデザイン思考の元祖であるように思えます。なぜなら、デザイン思考もある意味で図式や形象から概念を生み出すものだからです。

こうした構想力によって形をつくる存在としての人間像は、三木によると人間と動物の違いに起因します。つまり、動物と違って、人間は外部の環境に合わせるのではなく、構想力によってその形を変えてしまおうとするわけです。その人間の主体と環境とを結びつける働きが「技術」だというのです。三木はそんな技術の役割について、次のようにいっています。

あらゆる技術にとって一つの根本概念は形 Form の概念である。技術によって作られたものはすべて形を有し、技術的活動そのものも形を具えている。形の見られる限り、技術が見られることができる。

技術は形をつくるという意味で構想力そのものですし、また形の見られる限り技術が見られるというわけですから、技術の主体は必ずしも人間でなくてもよくなってきます。実際三木は、そんな構想力が自然の中に備わっているともいいます。たとえば、動物の進化も環境に適応するための技術として見ることができるように。そう考えると、人間の構想力は、広い意味での自然の構想力の中に位置づけられることになります。これこそ三木のたどりついた超越的な世界を求める境地だったのです。

晩年の三木を親鸞に向かわせたのもまた、そうした超越的な世界を求める境地であったに違いありません。三木は遺稿『親鸞』の中で、宗教的体験の特色は「内面性」にあるとして、親鸞の体験の深さはその内面性の深さであると評価しています。ここで「内面性」が何を意味しているかが問題です。三木は次のように書いています。

> そこに我々は彼の宗教における極めて深い「内面性」を見出すのである。しかし内面性とは何であるか。超越的であるところに、真の内面性は存するのである。内面性とは空虚な主観性ではなく、かえって最も客観的な肉体的ともいい得る充実である。

内面性とは超越的なものであって、やはり三木はその超越性に惹かれていたということができます。先ほど三木の思想はデザイン思考の元祖だといいましたが、この親鸞の思想に起因する超越性ゆえに、それは日本的デザイン思考の元祖だということになるように思います。
残念ながらその超越的なものを新たな哲学として確立する前に、三木は検挙され、獄死してしまいました。その意味で三木の思想は、まさに彼の「構想力」の概念そのままに、今なお新たな展開を形成し続けているといえるのではないでしょうか。

思想のポイント

出来事は、起こる前にそれを起こす人間がいる！

思想の活かし方

三木清の思想から、ロゴスとパトスを統一する「構想力」をベースにしたデザイン思考を学ぼう！

おわりに――揺れる世界の先に見えるもの

今、〝日本丸〟は、大海を漂流しているといっても過言ではありません。誰もがどっちの方向に向かうべきかもよくわからないまま、ただ波に身を委《ゆだ》ねている状態です。もしかしたらこのまま永遠に漂流し続けることだってありえます。そうすれば全員滅亡してしまうという悲劇も避けられません。

そこで求められるのは、新たな羅針盤です。本書では航海を乗り切るための羅針盤を提示したつもりです。ただ、羅針盤だけあっても、行く先が決まらなければ意味がありません。しっかりと進んでいくための、その先の姿が明確でなければならないのです。

揺れる世界の先に見えるものは何なのか？　実は本書で紹介した二五名の思想家たちの考えてきたことをよく吟味すると、その先が見えてきます。彼らは皆、この日本という国にあって、そこに住まう人々がどうすれば幸せになれるのか、そして日本が世界においてどういう位置にあるべきなのか考え抜いてきました。

それぞれの思想はその時代時代における考察ですから、見据えていた世界もすぐその先だったかもしれません。しかし、それらを全部つないでみると、今という時点より先も予測することができるように思うのです。

奇《く》しくもそれは、本書の章立てをまとめることでそのまま答えになっているように思えます。つまり、人の心を大事にし、自然を愛し、平和を好み、国民がまとまり、常に新しい可能性を切り拓《ひら》いていくような世界です。

二五名の思想家たちの想いをつなぐと、そんな理想の世界が浮かび上がってきます。そのためには具体的にどんな政策を取るかとか、何をする必要があるかということについては、個々人が自分の立場や役割に応じて考えることでしょう。でも、その根底にある目標は同じである必要があります。そうでないと日本丸は漂流せざるを得なくなりますから。

今や目的地は明らかになりました。そして誰もが羅針盤を手にしました。残るは前に進むことだけです。そう思うと、なんだか霧が晴れ、目の前に美しい島国が現れてきたような気がしませんか？　そう、それが日本なのです。私たちの望む本当の日本です。

さて、本書の執筆に当たっては、多くの方々に大変お世話になりました。とりわけ編集担当者の間孝博さんには、単行本を新書化するに当たり、企画の方向性についての示唆をはじめ、きめ細かなサポートをいただきました。この場をお借りしてお礼を申し上げたいと思います。最後に、本書をお読みいただいたすべての方に改めて感謝を申し上げます。

二〇二二年九月

いまだコロナ禍に揺れる世界の片隅で

小川《おがわ》仁志《ひとし》

主な引用・参考文献一覧

第1章

親鸞『教行信証』岩波書店、一九五七年
古田武彦『親鸞』清水書院、一九七〇年
金子大栄校注『歎異抄』岩波書店、一九八一年
佐藤正英『親鸞入門』筑摩書房、一九九八年
今井雅晴『親鸞と歎異抄』吉川弘文館、二〇一五年

秋山範二『道元の研究〈改訂版〉』黎明書房、一九六五年
玉城康四郎編『道元』中央公論社、一九七四年
森本和夫『正法眼蔵入門』朝日新聞社、一九八五年
賴住光子『道元　自己・時間・世界はどのように成立するのか』日本放送出版協会、二〇〇五年
賴住光子『道元の思想　大乗仏教の真髄を読み解く』NHK出版、二〇一一年

藤原正義『兼好とその周辺』桜楓社、一九七〇年
木藤才蔵校注『徒然草』新潮社、一九七七年
吉田兼好『新訂　徒然草』岩波書店、一九八五年
杉本秀太郎『徒然草』岩波書店、一九九六年
川平敏文『兼好法師の虚像』平凡社、二〇〇六年
西田幾多郎『善の研究』岩波書店、一九五〇年
上田閑照編『西田幾多郎哲学論集〈1〉場所・私と汝 他六篇』岩波書店、一九八七年

上田閑照編『西田幾多郎哲学論集〈2〉論理と生命 他四篇』岩波書店、一九八八年
上田閑照編『西田幾多郎哲学論集〈3〉自覚について 他四篇』岩波書店、一九八九年
藤田正勝『西田幾多郎 生きることと哲学』岩波書店、二〇〇七年
増谷文雄編『鈴木大拙』筑摩書房、一九六四年
鈴木大拙『日本的霊性』岩波書店、一九七二年
鈴木大拙『禅の思想』春秋社、一九七五年
鈴木大拙『禅とは何か』春秋社、一九七五年
鈴木大拙『鈴木大拙の人と学問』春秋社、一九七五年

第2章

川崎庸之『空海』岩波書店、一九七五年
福永光司編『最澄・空海』中央公論社、一九七七年
篠原資明『空海と日本思想』岩波書店、二〇一二年
竹内信夫『空海の思想』筑摩書房、二〇一四年
ひろさちや『空海と密教』祥伝社、二〇一五年
安永寿延『安藤昌益』平凡社、一九七六年
E・ハーバート・ノーマン著、大窪愿二訳『忘れられた思想家』（上・下）岩波書店、一九九一年
寺尾五郎『論考 安藤昌益』農山漁村文化協会、一九九二年
『没後230年生誕290年 安藤昌益国際シンポジウム記録』農山漁村文化協会、一九九三年
山崎庸男『安藤昌益の実像 近代的視点を超えて』農山漁村文化協会、二〇一六年
奈良本辰也『二宮尊徳』岩波書店、一九五九年
寺島文夫『二宮尊徳―その生涯と思想―』文理書院、一九六五年
守田志郎『二宮尊徳』朝日新聞社、一九七五年

佐々井信太郎『二宮尊徳伝』経済往来社、一九七七年
二宮尊徳『二宮翁夜話』岩波書店、一九九一年
和辻哲郎『和辻哲郎全集第４巻』岩波書店、一九六二年
和辻哲郎『風土』岩波書店、一九七九年
和辻哲郎『倫理学』（一）〜（四）岩波書店、二〇〇七年
熊野純彦『和辻哲郎』岩波書店、二〇〇九年
子安宣邦『和辻倫理学を読む　もう一つの「近代の超克」』青土社、二〇一〇年
後藤総一郎編『人と思想　柳田国男』三一書房、一九七二年
柳田国男『遠野物語・山の人生』岩波書店、一九七六年
柳田國男『柳田國男全集４』筑摩書房、一九八九年
柳田國男『柳田國男全集28』筑摩書房、一九九〇年
福田アジオ『柳田国男の民俗学』吉川弘文館、一九九二年

第３章

和辻哲郎、古川哲史校訂『葉隠　上・中・下』岩波書店、一九四〇〜一九四一年
神子侃編著『葉隠』徳間書店、一九六四年
三島由紀夫『葉隠入門』新潮社、一九八三年
小池喜明『葉隠　武士と「奉公」』講談社、一九九九年
奈良本辰也訳編『葉隠』三笠書房、二〇一〇年
奈良本辰也『吉田松陰』岩波書店、一九五一年
松本三之介編『吉田松陰』中央公論社、一九七三年
吉田常吉、藤田省三、西田太一郎校注『吉田松陰』岩波書店、一九七八年
古川薫全訳注『留魂録』講談社、二〇〇二年

海原徹『吉田松陰　身はたとひ武蔵の野辺に』ミネルヴァ書房、二〇〇三年
松浦玲『横井小楠』朝日新聞社、一九七六年
松浦玲編『佐久間象山・横井小楠』中央公論社、一九七〇年
高木不二『横井小楠と松平春嶽』吉川弘文館、二〇〇五年
平石直昭、金泰昌編『横井小楠　公共の政を首唱した開国の志士』東京大学出版会、二〇一〇年
源了圓『横井小楠研究』藤原書店、二〇一三年

新渡戸稲造著、矢内原忠雄訳『武士道』岩波書店、一九三八年
新渡戸稲造著、奈良本辰也訳『武士道』三笠書房、一九九七年
新渡戸稲造『新渡戸稲造　幼き日の思い出／人生読本』日本図書センター、一九九七年
新渡戸稲造著、鈴木範久編『新渡戸稲造論集』岩波書店、二〇〇七年
新渡戸稲造『武士道と修養』実業之日本社、二〇一二年

内村鑑三著、鈴木俊郎訳『余は如何にして基督信徒となりし乎』岩波書店、一九三八年
亀井勝一郎編『内村鑑三』筑摩書房、一九六三年
鈴木俊郎編『内村鑑三所感集』岩波書店、一九七三年
鈴木範久編『内村鑑三談話』岩波書店、一九八四年
内村鑑三著、鈴木範久訳『代表的日本人』岩波書店、一九九五年

第4章

金谷治編『荻生徂徠集』筑摩書房、一九七〇年
吉川幸次郎、丸山真男、西田太一郎、辻達也校注『荻生徂徠』岩波書店、一九七三年
尾藤正英編『荻生徂徠』中央公論社、一九七四年
今中寛司『徂徠学の史的研究』思文閣出版、一九九二年
田尻祐一郎『荻生徂徠』明徳出版社、二〇〇八年

本居宣長『古事記伝』(一)〜(四) 岩波書店、一九四〇年〜一九四四年
吉川幸次郎『本居宣長』筑摩書房、一九七七年
城福勇『本居宣長』吉川弘文館、一九八〇年
子安宣邦『「宣長問題」とは何か』青土社、一九九五年
白石良夫全訳注『本居宣長「うひ山ぶみ」』講談社、二〇〇九年

北一輝『北一輝著作集Ｉ　国体論及び純正社会主義』みすず書房、一九五九年
北一輝『北一輝著作集Ⅱ　支那革命外史　国家改造案原理大綱　日本改造法案大綱』みすず書房、一九五九年
渡辺京二『北一輝』朝日新聞社、一九七八年
長谷川義記『北一輝』紀伊国屋書店、一九九四年
松本健一『北一輝論』講談社、一九九六年

丸山真男『日本の思想』岩波書店、一九六一年
丸山眞男『日本政治思想史研究』東京大学出版会、一九八三年
丸山眞男『忠誠と反逆』筑摩書房、一九九八年
板垣哲夫『丸山真男の思想史学』吉川弘文館、二〇〇三年
『現代思想　総特集　丸山眞男』青土社、二〇一四年

吉本隆明『自立の思想的拠点』徳間書店、一九六六年
吉本隆明『共同幻想論』河出書房新社、一九六八年
吉本隆明『吉本隆明全集撰３　政治思想』大和書房、一九八六年
吉本隆明『吉本隆明全集撰７　イメージ論』大和書房、一九八八年
吉本隆明『〈信〉の構造ｐａｒｔ３　全天皇制・宗教論集成』春秋社、一九八九年

第5章

田中裕校注『世阿弥芸術論集』新潮社、一九七六年
戸井田道三『観阿弥と世阿弥』岩波書店、一九九四年
馬場あき子『風姿花伝』岩波書店、一九九六年
世阿弥『風姿花伝・花鏡』たちばな出版、二〇一二年
梅原猛、観世清和監修『世阿弥　神と修羅と恋』角川学芸出版、二〇一三年

ひろたまさき『福沢諭吉』朝日新聞社、一九七六年
福沢諭吉『学問のすゝめ』岩波書店、一九七八年
福沢諭吉著、松沢弘陽校注『文明論之概略』岩波書店、一九九五年
北岡伸一『独立自尊　福沢諭吉の挑戦』講談社、二〇〇二年
福吉勝男『福沢諭吉と多元的「市民社会」論』世界思想社、二〇一三年

植手通有編『西周・加藤弘之』中央公論社、一九七二年
菅原光『西周の政治思想　規律・功利・信』ぺりかん社、二〇〇九年
清水多吉『西周』ミネルヴァ書房、二〇一〇年
松島弘『近代日本哲学の祖・西周　生涯と思想』文藝春秋企画出版部、二〇一四年
山本貴光『「百学連環」を読む』三省堂、二〇一六年

九鬼周造『「いき」の構造』岩波書店、一九七九年
菅野昭正編『九鬼周造随筆集』岩波書店、一九九一年
田中久文『九鬼周造　偶然と自然』ぺりかん社、二〇〇一年
九鬼周造『偶然性の問題』岩波書店、二〇一二年
古川雄嗣『偶然と運命　九鬼周造の倫理学』ナカニシヤ出版、二〇一五年

三木清『構想力の論理』岩波書店、一九三九年

三木清『人生論ノート』新潮社、一九七八年
三木清『三木清全集18』岩波書店、一九八六年
赤松常弘『三木清―哲学的思索の軌跡』ミネルヴァ書房、一九九四年
三木清『三木清歴史哲学コレクション』書肆心水、二〇一二年

本書は、二〇一七年九月に小社より刊行された『いまこそ知りたい日本の思想家25人』を再編集の上、改題したものです。

小川仁志（おがわ・ひとし）
1970年、京都府生まれ。哲学者、山口大学国際総合科学部教授。京都大学法学部卒、名古屋市立大学大学院博士後期課程修了。博士（人間文化）。商社マン（伊藤忠商事）、フリーター、公務員（名古屋市役所）を経た異色の経歴。徳山工業高等専門学校准教授、米プリンストン大学客員研究員等を経て現職。「哲学カフェ」を主宰するなど、市民のための哲学を実践している。また、テレビをはじめ各種メディアにて哲学の普及にも努めている。NHK Eテレ「ロッチと子羊」では指南役を務める。専門は公共哲学。著書も多く、『孤独を生き抜く哲学』（河出書房新社）や『不条理を乗り越える 希望の哲学』（平凡社新書）をはじめ、これまでに100冊以上を出版している。YouTube「小川仁志の哲学チャンネル」でも発信中。

日本《にほん》の思想家《しそうか》入門《にゅうもん》
「揺《ゆ》れる世界《せかい》」を哲学《てつがく》するための羅針盤《らしんばん》
小川仁志《おがわひとし》

2022 年 11 月 10 日　初版発行

発行者　山下直久
発　行　株式会社KADOKAWA
〒102-8177　東京都千代田区富士見 2-13-3
電話　0570-002-301（ナビダイヤル）
装 丁 者　緒方修一（ラーフイン・ワークショップ）
ロゴデザイン　good design company
オビデザイン　Zapp!　白金正之
印 刷 所　株式会社暁印刷
製 本 所　本間製本株式会社

角川新書

ISBN978-4-04-082451-2 C0210